*Gedichte der deutschen Romantik*

Artemis & Winkler

# Gedichte der deutschen Romantik

Herausgegeben
von Karl Otto Conrady

ARTEMIS & WINKLER

Artemis & Winkler Verlag München, Zürich, London

Satz: Filmsatz Schröter München
Druck und Bindung: Clause + Bosse, Leck
ISBN 3-538-6635-2

# INHALT

## Friedrich von Hardenberg (Novalis)

* 1772 in Oberwiederstedt b. Mansfeld † 1801 in Weißenfels



Nach: Schriften, Bd. I: Das dichterische Werk, hrsg. v. P. Kluckhohn u. R. Samuel unter Mitarb. v. H. Ritter u. G. Schulz, Stuttgart 1960.

## August Wilhelm Schlegel

* 1767 in Hannover † 1845 in Bonn



Nach: Sämtliche Werke, hrsg v. E. Böcking, Leipzig 1846.

## Friedrich Schlegel

* 1772 in Hannover † 1829 in Dresden

## Clemens Brentano

* 1778 in Ehrenbreitstein/Rhein † 1842 in Aschaffenburg



Nach: Werke, Bd. I, hrsg. v. W. Frühwald, B. Gajek, F. Kemp, München 1968; Bd. II, hrsg. v. F. Kemp, München 1963.

## Achim von Arnim

* 1781 in Berlin † 1831 in Wiepersdorf

## Louise Brachmann

* 1777 in Rochlitz † 1822 in Halle/Saale



Nach: Auserlesene Dichtungen, hrsg. v. F. K. G. Schütz, Leipzig 1834.

## Karoline von Günderrode

* 1780 in Karlsruhe † 1806 in Winkel/Rhein



Nach: Sämtliche Werke und ausgewählte Studien. Historisch-Kritische Ausgabe, Bd. I: Texte, hrsg. v. W. Morgenthaler unter Mitarb. v. K. Obermeier u. M. Graf, Basel, Frankfurt/M. 1990.

## Ernst Moritz Arndt

* 1769 in Schoritz auf Rügen † 1860 in Bonn



Nach: Gedichte, hrsg. v. H. Meisner, Leipzig 1894 ff

## Heinrich von Kleist

* 1777 in Frankfurt/Oder † 1811 am Wannsee b. Potsdam

## Joseph Freiherr von Eichendorff

* 1788 auf Schloß Lubowitz b. Ratibor/Oberschlesien † 1857 in Neiße



Nach: Werke in sechs Bänden, Bd. I: Gedichte. Versepen, hrsg. v. H. Schultz, Frankfurt 1987 (Bibliothek deutscher Klassiker 21).

## Wilhelm Müller

* 1794 in Dessau † 1827 in Dessau



Nach: Gedichte, hrsg. v. J. T. Hatfield, Berlin 1906 (Deutsche Literaturdenkmale des 18. und 19. Jahrhunderts, Nr. 137).

## Luise Hensel

* 1798 in Linum/Brandenburg † 1876 in Paderborn



Nach: Lieder, hrsg. v. H. Cardauns, Regensburg 1923.

*1 Johann Christoph Erhard: Rastende Künstler im Gebirge, 1819*

Nach: Werke, Bd. I: Sämtliche Gedichte, hrsg. v. W. Scheffler, München 1980.

## Justinus Kerner

* 1786 in Ludwigsburg † 1862 in Weinsberg



Nach: Sämtliche poetische Werke, hrsg. v. J. Gaismaier, Leipzig o. J.

## Karl Mayer

* 1786 in Neckarbischofsheim † 1870 in Tübingen



Nach: Lieder, Stuttgart 1833.

## Gustav Schwab

* 1792 in Stuttgart † 1850 in Stuttgart

## WILHELM HEINRICH WACKENRODER

### *Das Meer*

1.

Auf hoher Felsenkante
Der Menschheit Abgesandte
Stehn wir und opfern Gott Gesang.
Ihm tönen Jubellieder
Im Namen unsrer Brüder
Für alle Pracht der Erde Dank.

2.

In allgewalt'ger Schale
Dem heiligen Schicksale
Schäumt unter uns das weite Meer.
In lachend heitrer Stille,
Im wilden Sturmgebrülle
Ist's immer heilig, groß und hehr.

3.

Und Gottes Bild, der Himmel,
Schaut in der Flut Gewimmel
Mit unbewegtem Aug hinein:
Er beugt sich freundlich nieder,
Mit blauem Glanzgefieder
Schließt er die Flut umarmend ein.

4.

Wie diese regen Wellen
Gedrängt sich treibend schwellen,
So wallt der Menschen großes Meer:
In hoher Tugend Siege,
In schwarzer Laster Kriege
Stets groß und wundervoll und hehr.

5.

Drum laßt uns, gleich dem Himmel,
Ins wilde Weltgetümmel
Mit sonnenhellem Auge sehn,
Fest an der Menschheit hangen,
Die Welt mit Lieb umfangen
Und liebend, liebend untergehn.

6.

Laßt länger hier uns harren,
In Meer und Himmel starren,
Bis jede Fiber fühlend schwillt:
Und segnet das Entzücken,
Das unsern trunknen Blicken
Aus dir, Natur, geheiligt quillt.

## *Die heilige Jungfrau mit dem Christuskinde und der kleine Johannes*

*[Aus: Gemäldeschilderungen]*

MARIA
Warum bin ich doch so überselig
Und zum allerhöchsten Glück erlesen,
Das die Erde jemals tragen mag?

Ich verzage bei dem großen Glück
Und ich weiß nicht Dank dafür zu sagen,
Nicht mit Tränen, nicht mit lauter Freude.
Nur mit Lächeln und mit tiefer Wehmut
Kann ich auf dem Götterkinde ruhen,
Und mein Blick vermag es nicht, zum Himmel
Und zum güt'gen Vater aufzusteigen.
Nimmer werden meine Augen müde,
Dieses Kind, das mir im Schoße spielet,
Anzusehn mit tiefer Herzensfreude.
Ach! und welche fremde, große Dinge,
Die das unschuldvolle Kind nicht ahndet,
Leuchten aus den klugen blauen Augen
Und aus all den kleinen Gaukeleien!
Ach! ich weiß nicht, was ich sagen soll!
Dünkt mich's doch, ich sei nicht mehr auf dieser Erde,
Wenn ich in mir recht lebendig denke:
Ich, ich bin die Mutter dieses Kindes.

### DAS JESUSKIND

Hübsch und bunt ist die Welt um mich her!
Doch ist's mir nicht wie den andern Kindern,
Doch kann ich nicht recht spielen,
Nichts fest angreifen mit der Hand,
Nicht lautjauchzend frohlocken.
Was sich lebendig
Vor meinen Augen regt und bewegt,
Kommt mir vor wie vorbeigehend Schattenbild
Und artiges Blendwerk.
Aber innerlich bin ich froh
Und denke mir innerlich schönere Sachen,
Die ich nicht sagen kann.

DER KLEINE JOHANNES
Ach! wie bet ich es an, das Jesuskindlein!
Ach! wie lieblich und voller Unschuld
Gaukelt es in der Mutter Schoß! –
Lieber Gott im Himmel, wie bet ich heimlich zu Dir
Und danke Dir
Und preise Dich um Deine große Gnade
Und flehe Deinen Segen herab auch für mich!

## [*Gebet des Tonkünstlers Joseph Berglinger*]

Siehe, wie ich trostlos weine
In dem Kämmerlein alleine,
Heilige Cäcilia!
Sieh mich aller Welt entfliehen,
Um hier still vor Dir zu knien:
Ach, ich bete, sei mir nah!

Deine wunderbaren Töne,
Denen ich verzaubert fröne,
Haben mein Gemüt verrückt.
Löse doch die Angst der Sinnen,
Laß mich in Gesang zerrinnen,
Der mein Herz so sehr entzückt.

Möchtest Du auf Harfensaiten
Meinen schwachen Finger leiten,
Daß Empfindung aus ihm quillt,
Daß mein Spiel in tausend Herzen
Laut Entzücken, süße Schmerzen,
Beides hebt und wieder stillt.

Möcht ich einst mit lautem Schalle
In des Tempels voller Halle
Ein erhabnes Gloria
Dir und allen Heil'gen weihen,
Tausend Christen zu erfreuen:
Heilige Cäcilia!

Öffne mir der Menschen Geister,
Daß ich ihrer Seelen Meister
Durch die Kraft der Töne sei,
Daß mein Geist die Welt durchklinge,
Sympathetisch sie durchdringe,
Sie berausch in Phantasei!

## LUDWIG TIECK

### *Melancholie*

Schwarz war die Nacht und dunkle Sterne brannten
Durch Wolkenschleier matt und bleich,
Die Flur durchstrich das Geisterreich,
Als feindlich sich die Parzen abwärts wandten
Und zorn'ge Götter mich ins Leben sandten.

Die Eule sang mir grause Wiegenlieder
Und schrie mir durch die stille Ruh
Ein gräßliches: Willkommen! zu.
Der bleiche Gram und Jammer sanken nieder
Und grüßten mich als längst gekannte Brüder.

Da sprach der Gram in banger Geisterstunde:
Du bist zu Qualen eingeweiht,
Ein Ziel des Schicksals Grausamkeit,
Die Bogen sind gespannt, und jede Stunde
Schlägt grausam dir stets neue blut'ge Wunde.

Dich werden alle Menschenfreuden fliehen,
Dich spricht kein Wesen freundlich an,
Du gehst die wüste Felsenbahn,
Wo Klippen drohn, wo keine Blumen blühen,
Der Sonne Strahlen heiß und heißer glühen.

Die Liebe, die der Schöpfung All durchklingt,
Der Schirm in Jammer und in Leiden,
Die Blüte aller Menschenfreuden,
Die unser Herz zum höchsten Himmel schwingt,
Wo Durst aus sel'gem Born Erquicken trinkt,

Die Liebe sei auf ewig dir versagt.
Das Tor ist hinter dir geschlossen,
Auf der Verzweiflung wilden Rossen
Wirst du durchs öde Leben hingejagt,
Wo keine Freude dir zu folgen wagt.

Dann sinkst du in die ew'ge Nacht zurück,
Sieh tausend Elend' auf dich zielen,
Im Schmerz dein Dasein nur zu fühlen!
Ja, erst im ausgelöschten Todesblick
Begrüßt voll Mitleid dich das erste Glück.

## *Tod*

Wechselnd gehn des Baches Wogen
Und er fließet immerzu,
Ohne Rast und ohne Ruh,
Fühlt er sich hinabgezogen
Seinem dunkeln Abgrund zu.

Also auch des Menschen Leben,
Liebe, Tanz und Saft der Reben
Sind die Wellenmelodie,
Sie verstummt spat oder früh.

Ewig gehn die Sterne unter,
Ewig geht die Sonne auf,
Taucht sich rot ins Meer hinunter,
Rot beginnt ihr Tageslauf.

Nicht also des Menschen Leben,
Seine Freuden bleiben aus,
Denn dem Tode übergeben
Bleibt er dort im dunkeln Haus.

## *Trauer*

Wie schnell verschwindet
So Licht als Glanz,
Der Morgen findet
Verwelkt den Kranz,

Der gestern glühte
In aller Pracht,
Denn er verblühte
In dunkler Nacht.

Es schwimmt die Welle
Des Lebens hin,
Und färbt sich helle,
Hat's nicht Gewinn;

Die Sonne neiget,
Die Röte flieht,
Der Schatten steiget
Und Dunkel zieht:

So schwimmt die Liebe
Zu Wüsten ab,
Ach! daß sie bliebe
Bis an das Grab!

Doch wir erwachen
Zu tiefer Qual;
Es bricht der Nachen,
Es löscht der Strahl,

Vom schönen Lande
Weit weggebracht
Zum öden Strande,
Wo um uns Nacht.

## *Nacht*

Süße Ahndungsschauer gleiten
Über Fluß und Flur dahin,
Mondesstrahlen hold bereiten
Lager liebetrunknem Sinn.
Ach, wie ziehn, wie flüstern die Wogen,
Spiegelt in Wellen der Himmelsbogen.

Liebe, dort im Firmamente,
Unter uns in blanker Flut,
Zündet Sternglanz, keiner brennte,
Gäbe Liebe nicht den Mut:
Uns, von Himmelsotem gefächelt,
Himmel und Wasser und Erde lächelt.

Mondschein liegt auf allen Blumen,
Alle Palmen schlummern schon,
In der Waldung Heiligtumen
Wallet, klingt der Liebe Ton:
Schlafend verkündigen alle Töne,
Palmen und Blumen der Liebe Schöne.

---

Waldeinsamkeit,
Die mich erfreut,
So morgen wie heut
In ew'ger Zeit,
O wie mich freut
Waldeinsamkeit!

...
Waldeinsamkeit,
Wie liegst du weit!
O dich gereut
Einst mit der Zeit.
Ach einz'ge Freud
Waldeinsamkeit!

...
Waldeinsamkeit
Mich wieder freut,

Mir geschieht kein Leid,
Hier wohnt kein Neid,
Von neuem mich freut
Waldeinsamkeit

*[Strophenweise eingefügt in die Erzählung »Der blonde Eckbert«.]*

## *Die Spinnerin*

Das Rädchen
  Dreht munter
Das Fädchen
  Hinunter:
Wo weilst du,
  O Lieber,
Was eilst d
  Fern über?
Und sinn ich tagelang
Und spinn ich wochenlang,
Bist du mein einz'ger Gedank.
  Bald seh ich Seen,
  Wenn's Rädchen surrt,
  Indem es schnurrt,
Erscheinen Feen.
Und Er geleitet,
  Ist unter ihnen:
Wie stolz er schreitet!
  Ihm Geister dienen.
Dann fliegt er fröhlich
  Durch Abendröte,
Es tönt so selig
  Die Schäferflöte:

Dann wünsch ich Schwingen,
  Zu ihm zu fliegen,
Aufwärts zu springen,
  In Wolken die Flügel zu wiegen.

## *Liebe*

Weht ein Ton vom Feld herüber,
Grüßt mich immerdar ein Freund,
Spricht zu mir: Was weinst du, Lieber?
Sieh, wie Sonne Liebe scheint:
Herz am Herzen stets vereint,
Gehn die bösen Stunden über.

Liebe denkt in süßen Tönen,
Denn Gedanken stehn zu fern,
Nur in Tönen mag sie gern
Alles, was sie will, verschönen.
Drum ist ewig uns zugegen,
Wenn Musik mit Klängen spricht,
Ihr die Sprache nicht gebricht,
Holde Lieb auf allen Wegen,
Liebe kann sich nicht bewegen,
Leihet sie den Otem nicht.

## *Glosse*

Liebe denkt in süßen Tönen,
Denn Gedanken stehn zu fern,
Nur in Tönen mag sie gern
Alles, was sie will, verschönen.

Wenn im tiefen Schmerz verloren
Alle Geister in mir klagen
Und gerührt die Freunde fragen:
»Welch ein Leid ist dir geboren?«
Kann ich keine Antwort sagen,
Ob sich Freuden wollen finden,
Leiden in mein Herz gewöhnen,
Geister, die sich liebend binden,
Kann kein Wort niemals verkünden,
Liebe denkt in süßen Tönen.

Warum hat Gesangessüße
Immer sich von mir geschieden?
Zornig hat sie mich vermieden,
Wie ich auch die Holde grüße.
So geschieht es, daß ich büße,
Schweigen ist mir vorgeschrieben,
Und ich sagte doch so gern,
Was dem Herzen sei sein Lieben,
Aber stumm bin ich geblieben,
Denn Gedanken stehn zu fern.

Ach, wo kann ich doch ein Zeichen,
Meiner Liebe ew'ges Leben
Mir nur selber kundzugeben,
Wie ein Lebenswort erreichen?
Wenn dann alles will entweichen,
Muß ich oft in Trauer wähnen,
Liebe sei dem Herzen fern,
Dann weckt sie das tiefste Sehnen,
Sprechen mag sie nur in Tränen,
Nur in Tönen mag sie gern.

2 *Caspar David Friedrich: Ansicht eines Hafens 1815/16*

Will die Liebe in mir weinen,
Bringt sie Jammer, bringt sie Wonne,
Will sie Nacht sein oder Sonne,
Sollen Glückessterne scheinen?
Tausend Wunder sich vereinen:
Ihr Gedanken schweiget stille,
Denn die Liebe will mich krönen,
Und was sich an mir erfülle,
Weiß ich das, es wird ihr Wille
Alles, was sie will, verschönen.

[Glosse: *Jeweils eine Zeile des kurzen Themagedichts schließt eine Strophe des langen Gedichts ab.*]

## *Mondscheinlied*

Träuft vom Himmel der kühle Tau,
Tun die Blumen die Kelche zu,
Spätrot sieht scheidend nach der Au,
Flüstern die Pappeln, sinkt nieder die nächt'ge Ruh.

Kommen und gehn die Schatten,
Wolken bleiben noch spät auf
Und ziehn mit schwerem, unbeholfnem Lauf
Über die erfrischten Matten.

Kommen die Sterne und schwinden wieder,
Blicken winkend und flüchtig nieder,
Wohnt im Wald die Dunkelheit,
Dehnt sich Finster weit und breit.

Hinterm Wasser wie flimmende Flammen,
Berggipfel oben mit Gold beschienen,

Neigen rauschend und ernst die grünen
Gebüsche die blinkenden Häupter zusammen.

Welle, rollst du herauf den Schein
Des Mondes rund freundlich Angesicht?
Er merkt's und freudig bewegt sich der Hain,
Streckt die Zweig entgegen dem Zauberlicht.

Fangen die Geister auf den Fluten zu springen,
Tun sich die Nachtblumen auf mit Klingen,
Wacht die Nachtigall im dicksten Baum,
Verkündet dichterisch ihren Traum,
Wie helle, blendende Strahlen die Töne niederfließen,
Am Bergeshang den Widerhall zu grüßen.

Flimmern die Wellen,
Funkeln die wandernden Quellen,
Streifen durchs Gesträuch
Die Feuerwürmchen bleich.

Wie die Wolken wandelt mein Sehnen,
Mein Gedanke bald dunkel, bald hell,
Hüpfen Wünsche um mich wie der Quell,
Kenne nicht die brennenden Tränen.

Bist du nah, bist du weit,
Glück, das nur für mich erblühte?
Ach! daß es die Hände biete
In des Mondes Einsamkeit.

Kömmt's aus dem Walde? schleicht's vom Tal?
Steigt es den Berg vielleicht hernieder?
Kommen alte Schmerzen wieder?
Aus Wolken ab die entflohne Qual?

Und Zukunft wird Vergangenheit,
Bleibt der Strom nie ruhig stehn:
Ach! ist dein Glück auch noch so weit,
Magst du entgegen gehn;
Auch Liebesglück wird einst Vergangenheit.

Wolken schwinden,
Den Morgen finden
Die Blumen wieder;
Doch ist die Jugend einst entschwunden,
Ach! der Frühlingsliebe Stunden
Steigen keiner Sehnsucht nieder.

## *Wunder der Liebe*

### *Glosse*

Mondbeglänzte Zaubernacht,
Die den Sinn gefangen hält,
Wundervolle Märchenwelt,
Steig auf in der alten Pracht!

Liebe läßt sich suchen, finden,
Niemals lernen oder lehren,
Wer da will die Flamm entzünden,
Ohne selbst sich zu verzehren,
Muß sich reinigen der Sünden.
Alles schläft, weil er noch wacht,
Wann der Stern der Liebe lacht,
Goldne Augen auf ihn blicken,
Schaut er trunken von Entzücken
Mondbeglänzte Zaubernacht.

Aber nie darf er erschrecken,
Wenn sich Wolken dunkel jagen,
Finsternis die Sterne decken,
Kaum der Mond es noch will wagen,
Einen Schimmer zu erwecken.
Ewig steht der Liebe Zelt,
Von dem eignen Licht erhellt,
Aber Mut nur kann zerbrechen,
Was die Furcht will ewig schwächen,
Die den Sinn gefangen hält.

Keiner Liebe hat gefunden,
Dem ein trüber Ernst beschieden,
Flüchtig sind die goldnen Stunden,
Welche immer den vermieden,
Den die bleiche Sorg umwunden:
Wer die Schlange an sich hält,
Dem ist Schatten vorgestellt,
Alles, was die Dichter sangen,
Nennt der Arme, eingefangen,
Wundervolle Märchenwelt.

Herz im Glauben auferblühend
Fühlt alsbald die goldnen Scheine,
Die es lieblich in sich ziehend
Macht zu eigen sich und seine,
In der schönsten Flamme glühend.
Ist das Opfer angefacht,
Wird's dem Himmel dargebracht,
Hat dich Liebe angenommen,
Auf dem Altar hell entglommen
Steig auf in der alten Pracht.

## *Liebe und Treue*

Seht die Wasser, wie sie gleiten
Und sich in der Flut die Bäume
Still beschauen, goldne Träume
Seh ich durch die Wolken schreiten.
Wie die Wogen ringend streiten,
Sich entfliehen und vereinen,
Spielen mit den Widerscheinen
Und die Blumen rot und gold
Sich bespiegeln und so hold
Tau in diese Wellen weinen!

Sieh, es ist ein Liebesringen,
Welle hascht die flücht'ge Welle
Und sie lacht so fröhlich, helle,
Glänzend sie sich all verschlingen,
Alle liebend sich durchdringen,
Im Ergötzen lieblich spielen;
Wie sie durcheinander wühlen,
Scheint der reine blaue Himmel
In das hüpfende Getümmel,
Seine Wange abzukühlen.

Also spiegelt Liebestreue
Sich im wechselnden Empfinden,
Wie Gefühle kommen, schwinden,
Im Erinnern baden, neue
Sich vermischen in die Reihe,
Wandeln vor und gern zurück,
Doch der innerlichste Blick
Sieht Gestalten fortgeschwommen
Und die andern nahe kommen
Und in allen nur Ein Glück.

Darum wechselt nur Gedanken,
Wie ihr wandelt in Gestalten,
Weiß ich eins doch festzuhalten
Ohne Wandel, ohne Wanken.
Denn nie darf der Glaub erkranken,
Glaube ist das Element,
In dem nur die Liebe brennt.
Und des Herzens reinste Bläue
Klärt sich hell und heller, Treue
In der Liebe sich erkennt.

## *Der wilde Jäger*

Der wilde Jäger bei dunkeler Nacht
Im wildesten Dickicht des Forstes erwacht,
Er höret den Sturm und erhebt sich im Zorn,
Er nimmt seine Hunde, das tönende Horn.

Besteigt seinen Rappen, mit Blitzesgewalt
Durchfährt er lautschnaubend den zitternden Wald,
Es wiehert sein Roß, tönt das Horn in die Runde,
Er hetzt die Gefährten, es bellen die Hunde.

Wohlauf meine Jagd! wohlauf meine Jagd!
Das Revier ist unser, denn jetzt ist es Nacht,
Von flüchtigen Geistern wird gerne gehetzt,
Wer sich vor Geheul und Gebelle entsetzt.

So fahren sie polternd durch Lüfte dahin,
Ein Grauen dem frommen und furchtsamen Sinn,
Doch wer sich vor Wald und vor Nacht nicht entsetzt,
Der wird vom Getümmel der Geister ergötzt.

*Dichtkunst*

Durch Himmelsplan die roten Wolken ziehen,
Beglänzet von der Sonne Abendstrahlen,
Jetzt sieht man sie in hellem Feuer glühen,
Und wie sie sich ein seltsam Bildnis malen:
So oftmals Helden, große Taten blühen,
Aufsteigend aus der Zeiten goldnen Schalen,
Doch wie sie noch die Welt am schönsten schmücken,
Fliehn sie wie Wolken und ein schnell Entzücken.

Was dieser fliehnde Schimmer will bedeuten,
Die Bildniss', die sich durcheinander jagen,
Die Glanzgestalten, die so furchtbar schreiten,
Kann nur der Dichter offenbarend sagen;
Es wechseln die Gestalten wie die Zeiten,
Sind sie euch Rätsel, müßt ihr ihn nur fragen,
Ewig bleibt stehn in seinem Lied gedichtet,
Was die Natur schafft und im Rausch vernichtet.

Es wohnt in ihr nur dieser ew'ge Wille,
Zu wechseln mit Gebären und Erzeugen.
Vom Chaos zieht sie ab die dunkle Hülle,
Die Tön erweckt sie aus dem toten Schweigen,
Ein Lebensquell regt sich die alte Stille,
In der Gebilde auf und nieder steigen,
Nur Phantasie schaut in das ew'ge Weben,
Wie aus dem Tod erblüht verjüngtes Leben.

---

Ein nett honett Sonett so nett zu drechseln
Ist nicht so leicht, ihr Kinderchen, das wett ich,

Ihr nennt's Sonett, doch klingt es nicht sonettig,
Statt Haber füttert ihr den Gaul mit Häckseln.

Dergleichen Dinge muß man nicht verwechseln;
Ein Unterschied ist zwischen einem Rettich
Und ritt ich, rutsch ich, rumpl ich oder rett ich,
Auch Dichten, Dünnen, Singen, Krähen, Krächzeln.

Drum liegt im Hafen stille doch ein Weilchen
Und lasset hier das kranke Schiff ausbessern,
Es zeigt mehr Leck als Schiff in seiner Fläche:

Noch lecker wird es, ihr bezahlt die Zeche,
Doch dünkt uns lecker nicht ein einzig Zeilchen;
Nach lauem Wasser kann kein Mund je wässern.

## NOVALIS

### *Hymnen an die Nacht*

1.

Welcher Lebendige, Sinnbegabte, liebt nicht vor allen Wundererscheinungen des verbreiteten Raums um ihn, das allerfreuliche Licht – mit seinen Farben, seinen Strahlen und Wogen; seiner milden Allgegenwart, als weckender Tag. Wie des Lebens innerste Seele atmet es der rastlosen Gestirne Riesenwelt, und schwimmt tanzend in seiner blauen Flut – atmet es der funkelnde, ewigruhende Stein, die sinnige, saugende Pflanze, und das wilde, brennende, vielgestaltete Tier – vor allen aber der herrliche Fremdling mit den sinnvollen Augen, dem schwebenden Gange, und den zartgeschlossenen, tonreichen Lippen. Wie ein König der irdischen Natur ruft es jede Kraft zu zahllosen Verwandlungen, knüpft und löst unendliche Bündnisse, hängt sein himmlisches Bild jedem irdischen Wesen um. – Seine Gegenwart allein offenbart die Wunderherrlichkeit der Reiche der Welt.

Abwärts wend ich mich zu der heiligen, unaussprechlichen, geheimnisvollen Nacht. Fernab liegt die Welt – in eine tiefe Gruft versenkt – wüst und einsam ist ihre Stelle. In den Saiten der Brust weht tiefe Wehmut. In Tautropfen will ich hinuntersinken und mit der Asche mich vermischen. – Fernen der Erinnerung, Wünsche der Jugend, der Kindheit Träume, des ganzen langen Lebens kurze Freuden und vergebliche Hoffnungen kommen in grauen Kleidern, wie Abendnebel nach der Sonne Untergang. In andern Räumen schlug die lustigen Gezelte das Licht auf. Sollte es nie zu seinen Kindern wiederkommen, die mit der Unschuld Glauben seiner harren?

Was quillt auf einmal so ahndungsvoll unterm Herzen, und verschluckt der Wehmut weiche Luft? Hast auch du ein Gefallen an uns, dunkle Nacht? Was hältst du unter deinem Mantel, das mir unsichtbar kräftig an die Seele geht? Köstlicher Balsam träuft aus deiner Hand, aus dem Bündel Mohn. Die schweren Flügel des Gemüts hebst du empor. Dunkel und unaussprechlich fühlen wir uns bewegt – ein ernstes Antlitz seh ich froh erschrocken, das sanft und andachtsvoll sich zu mir neigt, und unter unendlich verschlungenen Locken der Mutter liebe Jugend zeigt. Wie arm und kindisch dünkt mir das Licht nun – wie erfreulich und gesegnet des Tages Abschied. – Also nur darum, weil die Nacht dir abwendig macht die Dienenden, säetest du in des Raumes Weiten die leuchtenden Kugeln, zu verkünden deine Allmacht – deine Wiederkehr – in den Zeiten deiner Entfernung. Himmlischer, als jene blitzenden Sterne, dünken uns die unendlichen Augen, die die Nacht in uns geöffnet. Weiter sehn sie, als die blässesten jener zahllosen Heere – unbedürftig des Lichts durchschaun sie die Tiefen eines liebenden Gemüts – was einen höhern Raum mit unsäglicher Wollust füllt. Preis der Weltkönigin, der hohen Verkündigerin heiliger Welten, der Pflegerin seliger Liebe – sie sendet mir dich – zarte Geliebte – liebliche Sonne der Nacht, – nun wach ich – denn ich bin Dein und Mein – du hast die Nacht mir zum Leben verkündet – mich zum Menschen gemacht – zehre mit Geisterglut meinen Leib, daß ich luftig mit dir inniger mich mische und dann ewig die Brautnacht währt.

2.

Muß immer der Morgen wiederkommen? Endet nie des Irdischen Gewalt? Unselige Geschäftigkeit verzehrt den himmlischen Anflug der Nacht. Wird nie der Liebe geheimes Opfer ewig brennen? Zugemessen ward dem Lichte seine Zeit; aber zeitlos und raumlos ist der Nacht Herrschaft. – Ewig ist die Dauer des Schlafs. Heiliger Schlaf – beglücke zu selten nicht der Nacht Geweihte in diesem irdischen Tagewerk. Nur die Toren verkennen dich und wissen von keinem Schlafe, als dem Schatten, den du in jener Dämmerung der wahrhaften Nacht mitleidig auf uns wirfst. Sie fühlen dich nicht in der goldenen Flut der Trauben – in des Mandelbaums Wunderöl, und dem braunen Safte des Mohns. Sie wissen nicht, daß du es bist, der des zarten Mädchens Busen umschwebt und zum Himmel den Schoß macht – ahnden nicht, daß aus alten Geschichten du himmelöffnend entgegentrittst und den Schlüssel trägst zu den Wohnungen der Seligen, unendlicher Geheimnisse schweigender Bote.

3.

Einst da ich bittre Tränen vergoß, da in Schmerz aufgelöst meine Hoffnung zerrann, und ich einsam stand am dürren Hügel, der in engen, dunkeln Raum die Gestalt meines Lebens barg – einsam, wie noch kein Einsamer war, von unsäglicher Angst getrieben – kraftlos, nur ein Gedanken des Elends noch. – Wie ich da nach Hülfe umherschaute, vorwärts nicht konnte und rückwärts nicht, und am fliehenden, verlöschten Leben mit unendlicher Sehnsucht hing: – da kam aus blauen Fernen – von den Höhen meiner alten Seligkeit ein Dämmerungsschauer – und mit einemmale riß das Band der Geburt – des Lichtes Fessel. Hin floh die irdische Herrlichkeit und meine Trauer mit ihr – zusammen floß die Wehmut in eine neue, unergründliche Welt – du Nachtbegeisterung, Schlummer des Himmels kamst über mich – die Gegend hob sich sacht empor; über der Gegend schwebte mein entbundner, neugeborner Geist. Zur Staubwolke wurde der Hügel – durch die Wolke sah ich die verklärten Züge der Geliebten. In Ihren Augen ruhte die Ewigkeit – ich faßte Ihre Hände, und die Tränen wurden ein funkelndes, unzerreißliches Band. Jahrtausende zogen abwärts in die Ferne, wie Ungewitter. An Ihrem Halse weint ich dem neuen Leben entzückende Tränen. – Es war der erste, einzige Traum – und erst seitdem fühl ich ewigen, unwandelbaren Glauben an den Himmel der Nacht und sein Licht, die Geliebte.

4.

Nun weiß ich, wenn der letzte Morgen sein wird – wenn das Licht nicht mehr die Nacht und die Liebe scheucht – wenn der Schlummer ewig und nur Ein unerschöpflicher Traum sein wird. Himmlische Müdigkeit fühl ich in mir. – Weit und ermüdend ward mir die Wallfahrt zum heiligen Grabe, drückend das Kreuz. Die kristallene Woge, die

gemeinen Sinnen unvernehmlich, in des Hügels dunkeln Schoß quillt, an dessen Fuß die irdische Flut bricht, wer sie gekostet, wer oben stand auf dem Grenzgebürge der Welt, und hinübersah in das neue Land, in der Nacht Wohnsitz – wahrlich der kehrt nicht in das Treiben der Welt zurück, in das Land, wo das Licht in ewiger Unruh hauset.
Oben baut er sich Hütten, Hütten des Friedens, sehnt sich und liebt, schaut hinüber, bis die willkommenste aller Stunden hinunter ihn in den Brunnen der Quelle zieht – das Irdische schwimmt obenauf, wird von Stürmen zurückgeführt, aber was heilig durch der Liebe Berührung ward, rinnt aufgelöst in verborgenen Gängen auf das jenseitige Gebiet, wo es, wie Düfte, sich mit entschlummerten Lieben mischt.

Noch weckst du, muntres Licht den Müden zur Arbeit – flößest fröhliches Leben mir ein – aber du lockst mich von der Erinnerung moosigem Denkmal nicht. Gern will ich die fleißigen Hände rühren, überall umschaun, wo du mich brauchst – rühmen deines Glanzes volle Pracht – unverdrossen verfolgen deines künstlichen Werks schönen Zusammenhang – gern betrachten deiner gewaltigen, leuchtenden Uhr sinnvollen Gang – ergründen der Kräfte Ebenmaß und die Regeln des Wunderspiels unzähliger Räume und ihrer Zeiten. Aber getreu der Nacht bleibt mein geheimes Herz, und der schaffenden Liebe, ihrer Tochter. Kannst du mir zeigen ein ewig treues Herz? Hat deine Sonne freundliche Augen, die mich erkennen? Fassen deine Sterne meine verlangende Hand? Geben mir wieder den zärtlichen Druck und das kosende Wort? Hast du mit Farben und leichtem Umriß Sie geziert – oder war Sie es, die deinem Schmuck höhere, liebere Bedeutung gab? Welche Wollust, welchen Genuß bietet dein Leben, die aufwögen des Todes Entzückungen? Trägt nicht alles, was uns begeistert, die Farbe der Nacht? Sie trägt dich mütterlich und ihr verdankst du all deine Herrlichkeit. Du verflögst in dir selbst – in endlosen Raum zergingst du, wenn sie dich nicht hielte, dich nicht bände, daß du warm würdest und flammend die Welt zeugtest. Wahrlich ich war, eh du warst – die Mutter schickte mit meinen Geschwistern mich, zu bewohnen deine Welt, sie zu heiligen mit Liebe, daß sie ein ewig angeschautes Denkmal werde – zu bepflanzen sie mit unverwelklichen Blumen. Noch reiften sie nicht diese göttlichen Gedanken – Noch sind der Spuren unserer Offenbarung wenig – Einst zeigt deine Uhr das Ende der Zeit, wenn du wirst wie unser einer, und voll Sehnsucht und Inbrunst auslöschest und stirbst. In mir fühl ich deiner Geschäftigkeit Ende – himmlische Freiheit, selige Rückkehr. In wilden Schmerzen erkenn ich deine Entfernung von unsrer Heimat, deinen Widerstand gegen den alten, herrlichen Himmel. Deine Wut und dein Toben ist vergebens. Unverbrennlich steht das Kreuz – eine Siegesfahne unsers Geschlechts.

Hinüber wall ich,
Und jede Pein
Wird einst ein Stachel
Der Wollust sein.
Noch wenig Zeiten,
So bin ich los,
Und liege trunken
Der Lieb' im Schoß.
Unendliches Leben
Wogt mächtig in mir
Ich schaue von oben
Herunter nach dir.
An jenem Hügel
Verlischt dein Glanz –
Ein Schatten bringet
Den kühlenden Kranz.
O! sauge, Geliebter,
Gewaltig mich an,
Daß ich entschlummern
Und lieben kann.
Ich fühle des Todes
Verjüngende Flut,
Zu Balsam und Äther
Verwandelt mein Blut –
Ich lebe bei Tage
Voll Glauben und Mut
Und sterbe die Nächte
In heiliger Glut.

5.

Über der Menschen weitverbreitete Stämme herrschte vor Zeiten ein eisernes Schicksal mit stummer Gewalt. Eine dunkle, schwere Binde lag um ihre bange Seele – Unendlich war die Erde – der Götter Aufenthalt, und ihre Heimat. Seit Ewigkeiten stand ihr geheimnisvoller Bau. Über des Morgens roten Bergen, in des Meeres heiligem Schoß wohnte die Sonne, das allzündende, lebendige Licht.

Ein alter Riese trug die selige Welt. Fest unter Bergen lagen die Ursöhne der Mutter Erde. Ohnmächtig in ihrer zerstörenden Wut gegen das neue herrliche Göttergeschlecht und dessen Verwandten, die fröhlichen Menschen. Des Meers dunkle, grüne Tiefe war einer Göttin Schoß. In den kristallenen Grotten schwelgte ein üppiges Volk. Flüsse, Bäume, Blumen und Tiere hatten menschlichen Sinn. Süßer schmeckte der Wein von sichtbarer Jugendfülle geschenkt – ein Gott in den Trauben – eine liebende, mütterliche Göttin, empor wachsend in vollen goldenen Garben – der Liebe heilger Rausch ein süßer Dienst der schönsten Götterfrau – ein ewig buntes Fest der Himmelskinder und der Erdbewohner rauschte das Leben, wie ein Frühling, durch die Jahrhunderte hin – Alle Geschlechter verehrten kindlich die zarte, tausendfältige Flamme, als das höchste der Welt. Ein Gedanke nur war es, Ein entsetzliches Traumbild,

Das furchtbar zu den frohen Tischen trat
Und das Gemüt in wilde Schrecken hüllte.
Hier wußten selbst die Götter keinen Rat,
Der die beklommne Brust mit Trost erfüllte.
Geheimnisvoll war dieses Unholds Pfad
Des Wut kein Flehn und keine Gabe stillte;
Es war der Tod, der dieses Lustgelag
Mit Angst und Schmerz und Tränen unterbrach.

Auf ewig nun von allem abgeschieden,
Was hier das Herz in süßer Wollust regt,
Getrennt von den Geliebten, die hinieden
Vergebne Sehnsucht, langes Weh bewegt,
Schien matter Traum dem Toten nur beschieden,
Ohnmächtges Ringen nur ihm auferlegt.
Zerbrochen war die Woge des Genusses
Am Felsen des unendlichen Verdrusses.

Mit kühnem Geist und hoher Sinnenglut
Verschönte sich der Mensch die grause Larve,
Ein sanfter Jüngling löscht das Licht und ruht –
Sanft wird das Ende, wie ein Wehn der Harfe.
Erinnrung schmilzt in kühler Schattenflut,
So sang das Lied dem traurigen Bedarfe.
Doch unenträtselt blieb die ewge Nacht,
Das ernste Zeichen einer fernen Macht.

Zu Ende neigte die alte Welt sich. Des jungen Geschlechts Lustgarten verwelkte – hinauf in den freieren, wüsten Raum strebten die unkindlichen, wachsenden Menschen. Die Götter verschwanden mit ihrem Gefolge – Einsam und leblos stand die Natur. Mit eiserner Kette band sie die dürre Zahl und das strenge Maß. Wie in Staub und Lüfte zerfiel in dunkle Worte die unermeßliche Blüte des Lebens. Entflohn war der beschwörende Glauben, und die allverwandelnde, allverschwisternde Himmelsgenossin, die Phantasie. Unfreundlich blies ein kalter Nordwind über die erstarrte Flur, und die erstarrte Wunderheimat verflog in den Äther. Des Himmels Fernen füllten mit leuchtenden Welten sich. Ins tiefre Heiligtum, in des Gemüts höhern Raum zog mit ihren Mächten die Seele der Welt – zu walten dort bis zum Anbruch der tagenden Weltherrlichkeit. Nicht mehr war das Licht der

Götter Aufenthalt und himmlisches Zeichen – den Schleier der Nacht warfen sie über sich. Die Nacht ward der Offenbarungen mächtiger Schoß – in ihn kehrten die Götter zurück – schlummerten ein, um in neuen herrlichern Gestalten auszugehn über die veränderte Welt. Im Volk, das vor allen verachtet zu früh reif und der seligen Unschuld der Jugend trotzig fremd geworden war, erschien mit niegesehenem Angesicht die neue Welt – In der Armut dichterischer Hütte – Ein Sohn der ersten Jungfrau und Mutter – Geheimnisvoller Umarmung unendliche Frucht. Des Morgenlands ahndende, blütenreiche Weisheit erkannte zuerst der neuen Zeit Beginn – Zu des Königs demütiger Wiege wies ihr ein Stern den Weg. In der weiten Zukunft Namen huldigten sie ihm mit Glanz und Duft, den höchsten Wundern der Natur. Einsam entfaltete das himmlische Herz sich zu einem Blütenkelch allmächtger Liebe – des Vaters hohem Antlitz zugewandt und ruhend an dem ahndungsselgen Busen der lieblich ernsten Mutter. Mit vergötternder Inbrunst schaute das weissagende Auge des blühenden Kindes auf die Tage der Zukunft, nach seinen Geliebten, den Sprossen seines Götterstamms, unbekümmert über seiner Tage irdisches Schicksal. Bald sammelten die kindlichsten Gemüter von inniger Liebe wundersam ergriffen sich um ihn her. Wie Blumen keimte ein neues fremdes Leben in seiner Nähe. Unerschöpfliche Worte und der Botschaften fröhlichste fielen wie Funken eines göttlichen Geistes von seinen freundlichen Lippen. Von ferner Küste, unter Hellas heiterm Himmel geboren, kam ein Sänger nach Palästina und ergab sein ganzes Herz dem Wunderkinde:

*3 Caspar David Friedrich: Der Sommer, 1807*

»Der Jüngling bist du, der seit langer Zeit
Auf unsern Gräbern steht in tiefen Sinnen;
Ein tröstlich Zeichen in der Dunkelheit –
Der höhern Menschheit freudiges Beginnen.
Was uns gesenkt in tiefe Traurigkeit
Zieht uns mit süßer Sehnsucht nun von hinnen.
Im Tode ward das ewge Leben kund,
Du bist der Tod und machst uns erst gesund.«

Der Sänger zog voll Freudigkeit nach Indostan – das Herz von süßer Liebe trunken; und schüttete in feurigen Gesängen es unter jenem milden Himmel aus, daß tausend Herzen sich zu ihm neigten, und die fröhliche Botschaft tausendzweigig emporwuchs. Bald nach des Sängers Abschied ward das köstliche Leben ein Opfer des menschlichen tiefen Verfalls – Er starb in jungen Jahren, weggerissen von der geliebten Welt, von der weinenden Mutter und seinen zagenden Freunden. Der unsäglichen Leiden dunkeln Kelch leerte der liebliche Mund – In entsetzlicher Angst nahte die Stunde der Geburt der neuen Welt. Hart rang er mit des alten Todes Schrecken – Schwer lag der Druck der alten Welt auf ihm. Noch einmal sah er freundlich nach der Mutter – da kam der ewigen Liebe lösende Hand – und er entschlief. Nur wenige Tage hing ein tiefer Schleier über das brausende Meer, über das bebende Land – unzählige Tränen weinten die Geliebten – Entsiegelt ward das Geheimnis – himmlische Geister hoben den uralten Stein vom dunkeln Grabe. Engel saßen bei dem Schlummernden – aus seinen Träumen zartgebildet – Erwacht in neuer Götterherrlichkeit erstieg er die Höhe der neugebornen Welt – begrub mit eigner Hand der Alten Leichnam in die verlaßne Höhle, und legte mit allmächtiger Hand den Stein, den keine Macht erhebt, darauf.

Noch weinen deine Lieben Tränen der Freude, Tränen der Rührung und des unendlichen Danks an deinem Grabe – sehn dich noch immer, freudig erschreckt, auferstehn – und sich mit dir; sehn dich weinen mit süßer Inbrunst an der Mutter seligem Busen, ernst mit den Freunden wandeln, Worte sagen, wie vom Baum des Lebens gebrochen; sehen dich eilen mit voller Sehnsucht in des Vaters Arm, bringend die junge Menschheit, und der goldnen Zukunft unversieglichen Becher. Die Mutter eilte bald dir nach – in himmlischem Triumph – Sie war die Erste in der neuen Heimat bei dir. Lange Zeiten entflossen seitdem, und in immer höherm Glanze regte deine neue Schöpfung sich – und Tausende zogen aus Schmerzen und Qualen, voll Glauben und Sehnsucht und Treue dir nach – wallen mit dir und der himmlischen Jungfrau im Reiche der Liebe – dienen im Tempel des himmlischen Todes und sind in Ewigkeit dein.

Gehoben ist der Stein –
Die Menschheit ist erstanden –
Wir alle bleiben dein
Und fühlen keine Banden.
Der herbste Kummer fleucht
Vor deiner goldnen Schale,
Wenn Erd und Leben weicht
Im letzten Abendmahle.

Zur Hochzeit ruft der Tod –
Die Lampen brennen helle –
Die Jungfraun sind zur Stelle –
Um Öl ist keine Not –
Erklänge doch die Ferne
Von deinem Zuge schon,

Und riefen uns die Sterne
Mit Menschenzung' und Ton.

Nach dir, Maria, heben
Schon tausend Herzen sich.
In diesem Schattenleben
Verlangten sie nur dich.
Sie hoffen zu genesen
Mit ahndungsvoller Lust –
Drückst du sie, heilges Wesen,
An deine treue Brust.

So manche, die sich glühend
In bittrer Qual verzehrt
Und dieser Welt entfliehend
Nach dir sich hingekehrt;
Die hülfreich uns erschienen
In mancher Not und Pein –
Wir kommen nun zu ihnen
Um ewig da zu sein.

Nun weint an keinem Grabe,
Für Schmerz, wer liebend glaubt.
Der Liebe süße Habe
Wird keinem nicht geraubt –
Die Sehnsucht ihm zu lindern,
Begeistert ihn die Nacht –
Von treuen Himmelskindern
Wird ihm sein Herz bewacht.

Getrost, das Leben schreitet
Zum ewgen Leben hin;
Von innrer Glut geweitet
Verklärt sich unser Sinn.
Die Sternwelt wird zerfließen

Zum goldnen Lebenswein,
Wir werden sie genießen
Und lichte Sterne sein.

Die Lieb' ist frei gegeben,
Und keine Trennung mehr.
Es wogt das volle Leben
Wie ein unendlich Meer.
Nur Eine Nacht der Wonne –
Ein ewiges Gedicht –
Und unser aller Sonne
Ist Gottes Angesicht.

## 6.

### *Sehnsucht nach dem Tode*

Hinunter in der Erde Schoß,
Weg aus des Lichtes Reichen,
Der Schmerzen Wut und wilder Stoß
Ist froher Abfahrt Zeichen.
Wir kommen in dem engen Kahn
Geschwind am Himmelsufer an.

Gelobt sei uns die ewge Nacht,
Gelobt der ewge Schlummer.
Wohl hat der Tag uns warm gemacht,
Und welk der lange Kummer.
Die Lust der Fremde ging uns aus,
Zum Vater wollen wir nach Haus.

Was sollen wir auf dieser Welt
Mit unsrer Lieb' und Treue.
Das Alte wird hintangestellt,

Was soll uns dann das Neue.
O! einsam steht und tiefbetrübt,
Wer heiß und fromm die Vorzeit liebt.

Die Vorzeit, wo die Sinne licht
In hohen Flammen brannten,
Des Vaters Hand und Angesicht
Die Menschen noch erkannten.
Und hohen Sinns, einfältiglich
Noch mancher seinem Urbild glich.

Die Vorzeit, wo noch blütenreich
Uralte Stämme prangten,
Und Kinder für das Himmelreich
Nach Qual und Tod verlangten.
Und wenn auch Lust und Leben sprach,
Doch manches Herz für Liebe brach.

Die Vorzeit, wo in Jugendglut
Gott selbst sich kundgegeben
Und frühem Tod in Liebesmut
Geweiht sein süßes Leben.
Und Angst und Schmerz nicht von sich trieb,
Damit er uns nur teuer blieb.

Mit banger Sehnsucht sehn wir sie
In dunkle Nacht gehüllet,
In dieser Zeitlichkeit wird nie
Der heiße Durst gestillet.
Wir müssen nach der Heimat gehn,
Um diese heilge Zeit zu sehn.
Was hält noch unsre Rückkehr auf,
Die Liebsten ruhn schon lange.
Ihr Grab schließt unsern Lebenslauf,

Nun wird uns weh und bange.
Zu suchen haben wir nichts mehr –
Das Herz ist satt – die Welt ist leer.

Unendlich und geheimnisvoll
Durchströmt uns süßer Schauer –
Mir däucht, aus tiefen Fernen scholl
Ein Echo unsrer Trauer.
Die Lieben sehnen sich wohl auch
Und sandten uns der Sehnsucht Hauch.

Hinunter zu der süßen Braut,
Zu Jesus, dem Geliebten –
Getrost, die Abenddämmrung graut
Den Liebenden, Betrübten.
Ein Traum bricht unsre Banden los
Und senkt uns in des Vaters Schoß.

---

Fern im Osten wird es helle,
Graue Zeiten werden junge;
Aus der lichten Farbenquelle
Einen langen tiefen Trunk!
Alter Sehnsucht heilige Gewährung,
Süße Lieb in göttlicher Verklärung.

Endlich kommt zur Erde nieder
Aller Himmel sel'ges Kind,
Schaffend im Gesang weht wieder
Um die Erde Lebenswind,

Weht zu neuen ewig lichten Flammen
Längst verstiebte Funken hier zusammen.

Überall entspringt aus Grüften
Neues Leben, neues Blut,
Ew'gen Frieden uns zu stiften,
Taucht er in die Lebensflut,
Steht mit vollen Händen in der Mitte
Liebevoll gewärtig jeder Bitte.

Lasse seine milden Blicke
Tief in deine Seele gehn,
Und von seinem ew'gen Glücke
Sollst du dich ergriffen sehn.
Alle Herzen, Geister und die Sinnen
Werden einen neuen Tanz beginnen.

Greife dreist nach seinen Händen,
Präge dir sein Antlitz ein,
Mußt dich immer nach ihm wenden,
Blüte nach dem Sonnenschein;
Wirst du nur das ganze Herz ihm zeigen,
Bleibt er wie ein treues Weib dir eigen.
Unser ist sie nun geworden,
Gottheit, die uns oft erschreckt,
Hat im Süden und im Norden
Himmelskeime rasch geweckt.
Und so laßt im vollen Gottesgarten
Treu uns jede Knosp' und Blüte warten.

## [*Lied der Toten*]

Lobt doch unsre stillen Feste,
Unsre Gärten, unsre Zimmer,
Das bequeme Hausgeräte,
Unser Hab und Gut.
Täglich kommen neue Gäste,
Diese früh, die andern späte,
Auf den weiten Herden immer
Lodert neue Lebensglut.

Tausend zierliche Gefäße,
Einst betaut mit tausend Tränen,
Goldne Ringe, Sporen, Schwerter
Sind in unserm Schatz:
Viel Kleinodien und Juwelen
Wissen wir in dunkeln Höhlen,
Keiner kann den Reichtum zählen,
Zählt' er auch ohn Unterlaß.

Kinder der Vergangenheiten,
Helden aus den grauen Zeiten,
Der Gestirne Riesengeister,
Wunderlich gesellt,
Holde Frauen, ernste Meister,
Kinder und verlebte Greise
Sitzen hier in Einem Kreise,
Wohnen in der alten Welt.

Keiner wird sich je beschweren,
Keiner wünschen fortzugehen,
Wer an unsern vollen Tischen
Einmal fröhlich saß.
Klagen sind nicht mehr zu hören,

Keine Wunden mehr zu sehen,
Keine Tränen abzuwischen;
Ewig läuft das Stundenglas.

Tiefgerührt von heil'ger Güte
Und versenkt in sel'ges Schauen
Steht der Himmel im Gemüte,
Wolkenloses Blau;
Lange fliegende Gewande
Tragen uns durch Frühlingsauen,
Und es weht in diesem Lande
Nie ein Lüftchen kalt und rauh.

Süßer Reiz der Mitternächte,
Stiller Kreis geheimer Mächte,
Wollust rätselhafter Spiele,
Wir nur kennen euch.
Wir nur sind am hohen Ziele,
Bald in Strom uns zu ergießen,
Dann in Tropfen zu zerfließen
Und zu nippen auch zugleich.

Uns ward erst die Liebe Leben;
Innig wie die Elemente
Mischen wir des Daseins Fluten,
Brausend Herz mit Herz.
Lüstern scheiden sich die Fluten,
Denn der Kampf der Elemente
Ist der Liebe höchstes Leben
Und des Herzens eignes Herz.

Leiser Wünsche süßes Plaudern
Hören wir allein und schauen
Immerdar in sel'ge Augen,

Schmecken nichts als Mund und Kuß.
Alles, was wir nur berühren,
Wird zu heißen Balsamfrüchten,
Wird zu weichen zarten Brüsten,
Opfern kühner Lust.

Immer wächst und blüht Verlangen,
Am Geliebten festzuhangen,
Ihn im Innern zu empfangen,
Eins mit ihm zu sein,
Seinem Durste nicht zu wehren,
Sich im Wechsel zu verzehren,
Voneinander sich zu nähren,
Voneinander nur allein.

So in Lieb und hoher Wollust
Sind wir immerdar versunken,
Seit der wilde trübe Funken
Jener Welt erlosch,
Seit der Hügel sich geschlossen
Und der Scheiterhaufen sprühte
Und dem schauernden Gemüte
Nun das Erdgesicht zerfloß.

Zauber der Erinnerungen,
Heil'ger Wehmut süße Schauer
Haben innig uns durchklungen,
Kühlen unsre Glut.
Wunden gibt's, die ewig schmerzen,
Eine göttlich tiefe Trauer
Wohnt in unser aller Herzen,
Löst uns auf in Eine Flut.

Und in dieser Flut ergießen
Wir uns auf geheime Weise

In den Ozean des Lebens
Tief in Gott hinein;
Und aus seinem Herzen fließen
Wir zurück zu unserm Kreise,
Und der Geist des höchsten Strebens
Taucht in unsre Wirbel ein.

Schüttelt eure goldnen Ketten
Mit Smaragden und Rubinen
Und die blanken saubern Spangen,
Blitz und Klang zugleich.
Aus des feuchten Abgrunds Betten,
Aus den Gräbern und Ruinen,
Himmelsrosen auf den Wangen
Schwebt in's bunte Fabelreich.

Könnten doch die Menschen wissen,
Unsre künftigen Genossen,
Daß bei allen ihren Freuden
Wir geschäftig sind:
Jauchzend würden sie verscheiden,
Gern das bleiche Dasein missen, –
O! die Zeit ist bald verflossen,
Kommt, Geliebte, doch geschwind!

Helft uns nur den Erdgeist binden,
Lernt den Sinn des Todes fassen
Und das Wort des Lebens finden;
Einmal kehrt euch um.
Deine Macht muß bald verschwinden,
Dein erborgtes Licht verblassen,
Werden dich in kurzem binden,
Erdgeist, deine Zeit ist um.

## [*Bergmannslied*]

Der ist der Herr der Erde,
Wer ihre Tiefen mißt
Und jeglicher Beschwerde
In ihrem Schoß vergißt.

Wer ihrer Felsenglieder
Geheimen Bau versteht
Und unverdrossen nieder
Zu ihrer Werkstatt geht.

Er ist mit ihr verbündet
Und inniglich vertraut
Und wird von ihr entzündet,
Als wär sie seine Braut.

Er sieht ihr alle Tage
Mit neuer Liebe zu
Und scheut nicht Fleiß und Plage,
Sie läßt ihm keine Ruh.

Die mächtigen Geschichten
Der längst verflossnen Zeit
Ist sie ihm zu berichten
Mit Freundlichkeit bereit.

Der Vorwelt heil'ge Lüfte
Umwehn sein Angesicht,
Und in die Nacht der Klüfte
Strahlt ihm ein ew'ges Licht.

Er trifft auf allen Wegen
Ein wohlbekanntes Land,

Und gern kommt sie entgegen
Den Werken seiner Hand.

Ihm folgen die Gewässer
Hülfreich den Berg hinauf,
Und alle Felsenschlösser
Tun ihre Schätz' ihm auf.

Er führt des Goldes Ströme
In seines Königs Haus
Und schmückt die Diademe
Mit edlen Steinen aus.

Zwar reicht er treu dem König
Den glückbegabten Arm,
Doch fragt er nach ihm wenig
Und bleibt mit Freuden arm.

Sie mögen sich erwürgen
Am Fuß um Gut und Geld,
Er bleibt auf den Gebürgen
Der frohe Herr der Welt.

## [*Weinlied*]

Auf grünen Bergen wird geboren
Der Gott, der uns den Himmel bringt.
Die Sonne hat ihn sich erkoren,
Daß sie mit Flammen ihn durchdringt.

Er wird im Lenz mit Lust empfangen,
Der zarte Schoß quillt still empor,
Und wenn des Herbstes Früchte prangen,
Springt auch das goldne Kind hervor.

Sie legen ihn in enge Wiegen
Ins unterirdische Geschoß.
Er träumt von Festen und von Siegen
Und baut sich manches luft'ge Schloß.

Es nahe keiner seiner Kammer,
Wenn er sich ungeduldig drängt
Und jedes Band und jede Kammer
Mit jugendlichen Kräften sprengt.

Denn unsichtbare Wächter stellen,
Solang er träumt, sich um ihn her;
Und wer betritt die heil'gen Schwellen,
Den trifft ihr luftumwundner Speer.

So wie die Schwingen sich entfalten,
Läßt er die lichten Augen sehn,
Läßt ruhig seine Priester schalten
Und kommt heraus, wenn sie ihm flehn.

Aus seiner Wiege dunkelm Schoße
Erscheint er im Kristallgewand;
Verschwiegner Eintracht volle Rose
Trägt er bedeutend in der Hand.

Und überall um ihn versammeln
Sich seine Jünger hocherfreut,
Und tausend frohe Zungen stammeln
Ihm ihre Lieb und Dankbarkeit.

Er spritzt in ungezählten Strahlen
Sein innres Leben in die Welt,
Die Liebe nippt aus seinen Schalen
Und bleibt ihm ewig zugesellt.

Er nahm als Geist der goldnen Zeiten
Von jeher sich des Dichters an,
Der immer seine Lieblichkeiten
In trunknen Liedern aufgetan.

Er gab ihm, seine Treu zu ehren,
Ein Recht auf jeden hübschen Mund,
Und daß es keine darf ihm wehren,
Macht Gott durch ihn es allen kund.

---

Der Himmel war umzogen,
Es war so trüb und schwül,
Heiß kam der Wind geflogen
Und trieb sein seltsam Spiel.

Ich schlich in tiefen Sinnen,
Von stillem Gram verzehrt –
Was sollt ich nun beginnen?
Mein Wunsch blieb unerhört.

Wenn Menschen könnten leben
Wie kleine Vögelein,
So wollt ich zu ihr schweben
Und fröhlich mit ihr sein.

Wär hier nichts mehr zu finden,
Wär Feld und Staude leer,
So flögen, gleich den Winden,
Wir übers dunkle Meer.

Wir blieben bei dem Lenze
Und von dem Winter weit,

Wir hätten Frücht' und Kränze
Und immer gute Zeit.

Die Myrte sproßt im Tritte
Der Wohlfahrt leicht hervor,
Doch um des Elends Hütte
Schießt Unkraut nur empor.

Mir war so bang zu Mute,
Da sprang ein Kind heran,
Schwang fröhlich eine Rute
Und sah mich freundlich an.

»Warum mußt du dich grämen?
O! weine doch nicht so,
Kannst meine Gerte nehmen,
Dann wirst du wieder froh.«

Ich nahm sie und es hüpfte
Mit Freuden wieder fort,
Und stille Rührung knüpfte
Sich an des Kindes Wort.
Wie ich so bei mir dachte,
»Was soll die Rute dir?«
Schwankt aus den Büschen sachte
Ein grüner Glanz zu mir.

Die Königin der Schlangen
Schlich durch die Dämmerung.
Sie schien gleich goldnen Spangen,
In wunderbarem Prunk.

Ihr Krönchen sah ich funkeln
Mit bunten Strahlen weit,

4 *Caspar David Friedrich: Kreidefelsen auf Rügen*

Und alles war im Dunkeln
Mit grünem Gold bestreut.

Ich nahte mich ihr leise
Und traf sie mit dem Zweig,
So wunderbarer Weise
Ward ich unsäglich reich.

---

Wenn nicht mehr Zahlen und Figuren
Sind Schlüssel aller Kreaturen,
Wenn die, so singen oder küssen,
Mehr als die Tiefgelehrten wissen,
Wenn sich die Welt ins freie Leben
Und in die Welt wird zurückbegeben,
Wenn dann sich wieder Licht und Schatten
Zu echter Klarheit werden gatten
Und man in Märchen und Gedichten
Erkennt die ew'gen Weltgeschichten,
Dann fliegt vor Einem geheimen Wort
Das ganze verkehrte Wesen fort.

## AUGUST WILHELM SCHLEGEL

### *Ave Maria*

Die Jungfrau ruht, nur Demut ihr Geschmeide,
Im Abendschatten an der Hütte Tor.
Sie weiß nicht, daß sie Gott zur Braut erkor,
Doch stilles Sinnen ist ihr Seelenweide.

Da sieh! ein Jüngling tritt im lichten Kleide,
Den Palmenzweig in seiner Hand, hervor.
Voll süßen Schauers bebet sie empor,
Denn seine Stirn ist Morgenrot der Freude.

Gegrüßt, Maria! tönt sein holder Mund
Und tut das wundervolle Heil ihr kund,
Wie Kraft von oben her sie soll umwallen.

Und sie, die Arm auf ihre Brust gelegt,
Wo sich's geheim und innig liebend regt,
Spricht: Mir geschehe nach des Herrn Gefallen.

[*Aus den Gemäldebeschreibungen im »Athenaeum«.*]

## *Johannes in der Wüste*

Ein starker Jüngling, kühn zur Tat und schnell,
Entreißt Johannes sich bewohnten Stätten.
Er liebt, in öde Klüfte sich zu betten,
Die Hüften gürtet ihm ein rauhes Fell.

Einfältig wird sein Sinn, sein Auge hell;
Nichts Niedres kann ihn an die Erde ketten,
Und sein Geschlecht vom Untergang zu retten,
Sucht er in sich der Gottheit Lebensquell.

Er sitzt am Felsen, dessen Born ihn tränket,
Da steigt vor seiner Seel empor ein Bild,
Das er mit sel'gem Staunen überdenket.

Es ist des Menschen Sohn, so groß als mild,
Der ernste Seher hält sein Haupt gesenket:
Ach, gegen Dich, wie bin ich streng und wild!

[*Aus den Gemäldebeschreibungen im »Athenaeum«.*]

## *Meine Wahl*

Geschäft und Sorge wohnt am dürren Strande
Und kann dem engen Kreislauf nicht entgehen;
Doch Phantasie lockt über ferne Seen
An sel'ge Inseln, wunderbare Lande.

Wie freudig lös ich meines Schiffleins Bande,
Was Ahndung spielet, nah enthüllt zu sehen!
Die Geister neugeborner Lieder wehen
Durch meiner Segel schwellende Gewande.

Verbrüderte Gefährten seh ich schweben:
Was schreckte wohl, daß ich dahinten bliebe?
Es leuchten milde Sterne, droht kein Wetter.

So leit, o süße Poesie! mein Leben,
Du Jugend in der Jugend, Lieb in Liebe,
Natur in der Natur, Gottheit der Götter!

## *Anhänglichkeit*

Oft will die Seele ihre Flügel dehnen,
Gestärkt von der Betrachtung reiner Speise;
Ihr dünkt im engen wiederholten Gleise
Ihr Tun vergeblich und ihr Wissen Wähnen.

Sie fühlet tief ein unbezwinglich Sehnen
Nach höhern Welten, freierm Tatenkreise
Und glaubt, am Schluß der Bahn, nach irdscher Weise,
Roll erst der Vorhang auf zu lichtern Szenen.

Doch rührt der Tod den Leib ihr, daß sie scheide,
So schaudert sie und sieht zurück mit Zagen
Auf Erdenlust und sterbliche Gespielen.

Wie einst Proserpina, von Ennas Weide
In Plutos Arm entführt, kindlich im Klagen,
Um Blumen weinte, die dem Schoß entfielen.

[*Pluto, der Gott der Unterwelt, raubte Proserpina, die Tochter der Erdmutter Demeter, als sie auf der Wiese Blumen pflückte.*]

## *Waldgespräch*

Hier bin ich einsam, keiner hört die Klage. klage!
Niemand vertrau ich mein verzagtes Stöhnen. Tönen.
Soll ich stets ungeliebt der Spröden frönen? höhnen.
Wie lang harr ich umsonst, daß es mir tage? Tage.

Mich findet Gunst zu leicht auf ihrer Waage. wage!
Wem liegt wohl dran, mein Leben zu verschönen? Schönen.
So wird das holde Glück mich endlich krönen? krönen.
Wer gibt mir frohe Kund auf jede Frage? frage!

Was ist dein Tun dort in den Felsenhallen? hallen.
Und was ist Schuld, daß du nur Laut geblieben? lieben.
So fühlst du etwas bei Verliebter Schmerzen? Schmerzen.

Glaubst du, dein Spiel könn irgend wem gefallen? allen.
Wem wird es denn zulieb mit uns getrieben? Trieben.
Wer sehnt sich leeren Widerhall zu herzen? Herzen.

## *Deutung*

Was ist die Liebe? Lest es, zart geschrieben,
Im Laut des Worts: es ist ein innig Leben
Und Leben ein im Leib gefesselt Streben,
Ein sinnlich Bild von ewig geist'gen Trieben.

Der Mensch nur liebt: doch ist sein erstes Lieben
Der Lieblichkeit des Leibes hingegeben.
Will sich, als Leibes Gast, der Geist erheben,
So wird von Willkür die Begier vertrieben.

Doch unauflöslich Leib und Geist verweben
Ist das Geheimnis aller Lust und Liebe;
Leiblich und geistig wird sie Quell des Lebens.

Im Manne waltet die Gewalt des Strebens;
Des Weibes Füll umhüllet stille Triebe:
Wo Liebe lebt und labt, ist lieb das Leben.

## *Die Sprache der Liebe*

*[Glosse]*

Liebe denkt in süßen Tönen,
Denn Gedanken stehn zu fern;
Nur in Tönen mag sie gern
Alles, was sie will, verschönen.
Tieck

Worte sind nur dumpfe Zeichen,
Die Gemüter zu entziffern,
Und mit Zügen, Linien, Ziffern
Läßt sich Wissenschaft erreichen.
Doch aus den ätherschen Reichen

Läßt ein Bild des ew'gen Schönen
Nieder zu der Erde Söhnen
Nur in Bild und Ton sich schicken:
Liebe spricht in hellen Blicken,
*Liebe denkt in süßen Tönen.*

Liebe stammt vom Himmel oben,
Und so lehrte sie der Meister,
Welchen seine hohen Geister
In derselben Sprache loben.
Denn beseelt sind jene Globen,
Strahlend redet Stern mit Stern
Und vernimmt den andern gern:
Wenn die Sphären rein erklingen.
Ihre Wonn ist Schau'n und Singen,
*Denn Gedanken stehn zu fern.*

Stumme Zungen, taube Ohren,
Die des Wohllauts Zauber fliehn,
Wachen auf zu Harmonien,
Wenn sie Liebe neu geboren.
Memnons Säule, von Auroren
Angeschienen leis und fern,
Haucht so aus dem starren Kern
Ihre Sehnsucht aus in Liedern,
Und der Mutter Gruß erwidern
*Nur in Tönen mag sie gern.*

Musik ist die Kunst der Liebe,
In der tiefsten Seel empfangen,
Aus entflammendem Verlangen
Mit der Demut heil'gem Triebe.
Daß die Liebe selbst sie liebe,
Zorn und Haß sich ihr versöhnen,

Mag sie nicht in raschen Tönen
Bloß um Lust und Jugend scherzen:
Sie kann Trauer, Tod und Schmerzen,
*Alles, was sie will, verschönen.*

[Memnons Säule: *M., Sohn der Eos (= Aurora, die Morgenröte), fiel als letzter Beschützer Trojas. Die M.-Kolosse, zwei Sitzfiguren aus Sandstein von 20 Meter Höhe, bei Theben errichtet, waren Sehenswürdigkeiten der Antike. Der eine Koloß tönte bei Sonnenaufgang; das galt als Gruß Memnons an seine Mutter.*]

## *Schillers Lob der Frauen*

### *Parodie*

Ehret die Frauen! Sie stricken die Strümpfe,
Wollig und warm, zu durchwaten die Sümpfe,
Flicken zerrissene Pantalons aus,
Kochen dem Manne die kräftigen Suppen,
Putzen den Kindern die niedlichen Puppen,
Halten mit mäßigem Wochengeld Haus.

Doch der Mann, der tölpelhafte
Find't am Zarten nicht Geschmack.
Zum gegornen Gerstensafte
Raucht er immerfort Tabak,
Brummt, wie Bären an der Kette,
Knufft die Kinder spat und fruh,
Und dem Weibchen, nachts im Bette,
Kehrt er gleich den Rücken zu.

[*Parodie auf Schillers Gedicht »Würde der Frauen« (1800), das beginnt: »Ehret die Frauen! sie flechten und weben / Himmlische Rosen ins irdische Leben.«*]

## FRIEDRICH SCHLEGEL

### *Schellings Weltseele*

Vom trüben Schlaf erwacht zu lichtem Denken,
Hat sich der Mensch zum Himmel aufgerichtet,
Kann nun, wo träge Furcht ihn sonst vernichtet,
Die Wunder des Bewußtseins schaffend denken.

Zum ersten Lohn, den ihm die Götter schenken,
Daß innre Kraft den innern Streit geschlichtet,
Vernimmt er, was vom Äther sie gedichtet,
Und will mit Liebe sich ins Lichtmeer senken.

Wie dennoch Eins die Kraft in allen Schranken
Und leichter Äther mächt'ger als die Masse,
Das lebt und brennt in deinem kühnen Streben!

Es sinnt der Geist, wie er die Ew'ge fasse;
In toter Bildung sieht er Täuschung schwanken,
Das innre Wesen blitzt im freien Leben.

[Schellings Weltseele: *Friedrich Wilhelm Schelling veröffentlichte 1798 seine Schrift »Von der Weltseele«, die seine »Ideen zu einer Philosophie der Natur« (1797) ergänzte.*]

### *Das Athenaeum*

Der Bildung Strahlen all in Eins zu fassen,
Vom Kranken ganz zu scheiden das Gesunde,
Bestrebten wir uns treu in freiem Bunde
Und wollten uns auf uns allein verlassen.

Nach alter Weise konnt ich nie es lassen,
So sicher ich auch war der rechten Kunde,
Mir neu zu reizen stets des Zweifels Wunde
Und, was an mir beschränkt mir schien, zu hassen.

Nun schreit und schreibt in Ohnmacht sehr geschäftig,
Als wär's im tiefsten Herzen tief beleidigt,
Der Platten Volk von Hamburg bis nach Schwaben.

Ob unsern guten Zweck erreicht wir haben,
Zweifl ich nicht mehr; es hat's die Tat beeidigt,
Daß unsre Ansicht allgemein und kräftig.

[Athenaeum: *Friedrich Schlegel gab mit seinem Bruder August Wilhelm von 1798 bis 1800 die Zeitschrift »Athenaeum« heraus.*]

## *Der Mond*

Es streben alle Kräfte,
So matt sie sind, zur Erde doch zu wirken.
In den ew'gen Bezirken
Der schönen Welt ist das nur mein Geschäfte;
Das muß ohnmächtig immer ich versuchen
Und traurig dem beschränkten Lose fluchen.

Seht ihr mich milde glänzen
Und warme Sommernächte schön erhellen,
Wo leise Freudewellen
Der Erde Kinder kühlen nach den Tänzen,
Sind's Sonnengeister nur, die sanfter spielen.
Mein eignes Wesen könnt ihr so nicht fühlen.

Doch wenn ich seltsam scheine,
Aus dunkeln Wolken ängstlich vorgeschlichen,

Dann ist die Hüll entwichen,
Es merkt der Mensch mit Schaudern, was ich meine.
So zeigen Geister sich, um euch zu wecken,
Und lassen ahnden die verborgnen Schrecken.

## *Der Dichter*

Der schwarze Mantel will sich dichter falten,
Die freundlichen Gespräche sind verschollen;
Wo allen Wesen tief Gesang entquollen,
Da muß die stumme Einsamkeit nun walten.

Es darf den großen Flug das Herz entfalten
Und Fantasie nicht mehr der Täuschung zollen;
Was farbig prangt, muß bald ins Dunkel rollen,
Nur unsichtbares Licht kann nie veralten.

Willkommen, heil'ge Nacht, in deinen Schauern!
Es strahlt in dir des Lichtes Licht dem Frommen,
Führt ihn ins große All aus engen Mauern;

Er ist ins Innre der Natur gekommen
Und kann um irdschen Glanz nun nicht mehr trauern,
Weil schon die Binde ihm vom Haupt genommen.

## *Betrachtung*

Das kleine Haus, es steht noch an der Stelle,
Wo ich es sonst gesehn vor vielen Jahren,
Seit ich so manches Leid und Freud erfahren,
Umhergetragen auf des Lebens Welle;

Dieselben Tritt' und Weg' an selber Stelle,
Die kleinsten Dinge, wie sie ehmals waren;
Bemüht, die alte Ordnung zu bewahren,
Sorgt noch der Diener, wie er alles stelle.

So bleibt Beschränkung gern in tiefem Frieden;
Wie draußen auch die wilden Stürme toben,
Es lockt die stille Welt da zu verweilen.

Den kühnern Geist hat immer Ruh vermieden;
Will sinnend auch Gefühl die Stille loben,
Er muß auf wildem Flügel weiter eilen.

## *Im Walde*

Windes Rauschen, Gottes Flügel,
Tief in kühler Waldesnacht;
Wie der Held in Rosses Bügel
Schwingt sich des Gedankens Macht.
Wie die alten Tannen sausen,
Hört man Geistes Wogen brausen.

Herrlich ist der Flamme Leuchten
In des Morgenglanzes Rot
Oder, die das Feld befeuchten,
Blitze, schwanger oft von Tod.
Rasch die Flamme zuckt und lodert,
Wie zu Gott hinaufgefodert.

Ewig's Rauschen sanfter Quellen
Zaubert Blumen aus dem Schmerz;
Trauer, doch in linden Wellen,
Schlägt uns lockend an das Herz;

Fernab hin der Geist gezogen,
Die uns locken, durch die Wogen.

Drang des Lebens aus der Hülle,
Kampf der starken Triebe wild
Wird zur schönsten Liebesfülle,
Durch des Geistes Hauch gestillt.
Schöpferischer Lüfte Wehen
Fühlt man durch die Seele gehen.

Windes Rauschen, Gottes Flügel,
Tief in dunkler Waldesnacht!
Freigegeben alle Zügel,
Schwingt sich des Gedankens Macht,
Hört in Lüften ohne Grausen
Den Gesang der Geister brausen.

## *Das Gedicht der Liebe*

Wie nächtlich ungestüm die Wellen wogen,
Bald schwellend liebevoll zum Sternenkranze,
Bald sinkend zu der Tiefe hingezogen,
Sehnsüchtig flutend in dem Wechseltanze,
Bis Morgenrot empor scheint aus den Wogen,
Noch feucht in blumenlichtem Tränenglanze,
So steigen hier der Dichtkunst hohe Strahlen
Aus tiefer Sehnsucht Meer und Wonnequalen.

## *Weise des Dichters*

Wie tief im Waldesdunkel Winde rauschen,
Ihr Lied dazwischen Nachtigallen schlagen,
Der muntre Vogel singt in Frühlingstagen,
Daß wir dem fernen Ruf bezaubert lauschen;

So seht ihr hier jedwede Weise tauschen,
Betrachtung, linde Seufzer, tiefe Klagen,
Der Scherze Lust, der Liebe kühnes Wagen,
Und was den Seher göttlich mag berauschen.

Anklänge aus der Sehnsucht alten Reichen
Sind es, die bald sich spielend offenbaren,
Uns ihr Geheimnis bald mit Ernst verkünden;

Sinnbilder, leise, des gefühlten Wahren,
Des nahen Frühlings stille Hoffnungszeichen,
Die schon in helle Flammen sich entzünden.

## *Altdeutsches Volkslied*

Es gehen zwei Butzemänner im Reich herum,
Mit der kleinen Kilikeia, mit der großen Kumkum.

Der eine klimpert um den Brei herum,
Bidibum auf der Trumm, bidibum, bidibum.

Der andre schaut sich nach den Fräulein um,
Mit der kleinen Kilikeia, mit der großen Kumkum.

Sie drehen sich beide recht artig herum,
Bidibum, bidibum.

Gute Nacht, Butzemänner, dreht euch weiter um!
Mit der kleinen Kilikeia, mit der großen Kumkum.

Wer hat dies feine Liedlein gemacht?
Es kamen entlang drei Enten den Bach,
Die haben dies feine Liedlein erdacht usw.

[*Spottgedicht auf die »Wunderhorn«-Sammler Armin und Brentano. Vgl. S. 141 »Wer hat dies Liedlein erdacht?«*]

## *Irrlichter*

Ungeziefer mannigfaltig
Nagt der Geister Ruhm;
Viel Gesindel, allgestaltig
Nascht vom Heiligtum.

Ja und Nein und Mehr und Minder
Würfeln sie herum,
Drehn und kehren es geschwinder
Schnell im Kreise um.

Ihnen gibt es kein Geheimnis
Als das Einmal Eins,
Auch im Schwatzen kein Versäumnis
Alles Eins und Keins.

Wie das Böse Gott erschaffe,
Groß wie sie gesinnt,
Sich das All zusammenraffe,
Lehren sie geschwind.

Allem Tüchtigen abwendig
Ist ihr eitler Mut,
Nur im Nichtigen beständig
Diese neue Brut.

Sie verschmähn die starke Rede
Von dem Kampf des Lichts,
Lieben und vergöttern jede
Ausgeburt des Nichts.

Wie der Mücken Schwarm unzählig
Längs dem Strome zieht,
Summen andre, haschen selig
Nach Gesang und Lied.

Jedes neuen Scheins gewärtig
Mit des Seelchens Flug,
Sind sie schon von Anfang fertig,
Schreiben Buch auf Buch.

## FRIEDRICH WILHELM SCHELLING

### *Lied*

In meines Herzens Grunde,
Du heller Edelstein,
Funkelt all Zeit und Stunde
Nur deines Namens Schein.
Erfreuest mich im Bilde
Mit Spiel und leichtem Scherz,
Rührend so süß als milde
Mir an das wilde Herz.

Über Berge seh ich ziehen
Dein jugendlich Gestalt,
Doch, wie die Wolken fliehen,
Das Bild vorüberwallt;
Es führt mich fort durch Wiesen
Weit ab in Tales Grund,
Doch wenn ich's will genießen,
Zerfließet es zur Stund.

Ich will dich nicht umfassen,
Nur fliehe nicht von mir.
Das Bild kann ich nicht lassen,
Noch läßt es auch von mir.
Bei dir nur ist gut wohnen,
Drum ziehe mich zu dir.
Endlich muß sich doch lohnen
Schmerz, Sehnsucht und Begier.

Bringt jeder Tagesschimmer
Doch neuer Hoffnung Schein
Und schreibt uns beid' noch immer
Ins Buch des Lebens ein.
Drum laß mich vor dir grünen
Und leben froh und frei.
Gerne will ich dir dienen,
Daß treu dein Herze sei.

[*Nach Valerius Herbergers »Valet will ich dir geben« von 1614.*]

## *Lebenskunst*

Die goldnen Lehren hört aus treuem Munde;
Wie sie ein Gott mir selbst hat eingegeben,
Empfangt von mir des Lebens sichre Kunde.

Zum Leben ward uns selber nur das Leben:
  Drum muß der Mensch, will er sich was erwerben,
  Vom Leben selbst zu leben sich bestreben.
Das Leben nur schützt uns vor Hungersterben,
  Vom Leben nährt sich Leben parasitisch,
  Und Leben ohne Leben müßt verderben.
Ist's leider gleich nicht immer sybaritisch,
  So ist es doch, um sich das Maul zu stopfen,
  Und wächst und sproßt so leidlich fort dendritisch.
Auf Leben muß man neues Leben pfropfen,
  Wer Leben nicht aus Leben weiß zu pressen,
  Verliert durch's Leben selbst nur Malz und Hopfen.
Das Leben soll im Leben sich vergessen,
  Die Dummen nur bekümmern sich mit Sorgen:
  Was werd ich trinken, und was werd ich essen?
Die Schuld von Gestern zahlt das Heut an Morgen,
  Heut lebt von Gestern, Morgen lebt von Heute,
  Sich von sich selbst muß Leben Leben borgen.
Versteht es nicht im Sinn gemeiner Leute;
  Arbeitend heut, um morgen nicht zu darben,
  Verlieren sie des Lebens wahre Beute.
Umsonst, daß in den allerschönsten Farben
  Des Müßigganges edle Blume blühet,
  Sie binden nur im Schweiß des Lebens Garben,
Indes die Frucht von ihrem Mund entfliehet,
  Der Duft verhaucht vom edlen Lebensmoste,
  Der rings herum in vollen Bechern glühet.
Vom Leben lebt das Leben, nicht vom Roste
  Der Arbeit, der das Leben selbst ersticket:
  Die solches lehren, sind nicht wohl bei Troste.

[sybaritisch: *schlemmerhaft; Schlemmerei und Verweichlichung der antiken Sybariten, der Bewohner von Sybaris an der italienischen Adriaküste auf der Höhe von Tarent, wurden sprichwörtlich.* – dendritisch: *baumartig.*]

## PHILIPP OTTO RUNGE

### *Zur Begleitung der Tageszeiten. Fragment.*

*Ev. Joh. Cap. I.*

Erst lag der Schnee noch weiß auf lichten Höhen,
Das Wasser und der Tau noch starr in Eis.
Nun fließt der Bach; in Fluß und klaren Seen
Erflimmert's hell bei warmem sanftem Wehen,
Auch sind die fernen Berge nicht mehr weiß.
Es ist des Winters Zeit, die Nacht, vergangen,
Der Erde finstrer Schoß hat nun den Tag empfangen.

In blauer Luft will schon der Vogel singen,
Und grün bedeckt sich rings das weite Feld.
Aus Zweigen wollen Blatt und Blüte dringen:
Des Menschen Herz, es möcht im Busen springen,
Er fühlet die Geburt der neuen Welt.
Sie kommt, die Zeit, da Blum und Blüten sprießen,
Die Farben überall, ihm unverständlich, grüßen.

Und blühen erst die Bäum an allen Zweigen,
Manch Blümlein freundlich aus der Erde sieht,
Die Glöcklein duftend ihre Köpfchen beugen,
Sich Blumen bunt in Wald und Wiese zeigen,
Bis uns die Rose durch die Seele glüht:
Gestillt ist da des Herzens stumm Verlangen,
Wenn Farben duftend als auf ein: *Es werde!* prangen.

Die rote Rose kommt hervorgeflogen.
Sie kündet nur der Blumen Königin
Und schmückt als Botin ihr den Ehrenbogen;
Die Herrlichste kommt bald ihr nachgezogen

Mit stillem sanftem unschuldsvollem Sinn –.
Der Lilie Stengel strebt hoch in die Lüfte,
Aus reinem weißem Kelch ergießend süße Düfte.

Und erst entquillt der Erde nun das Leben.
Die Bäume schütteln ihr Geschmeid herab,
Des Lichtes Rang der Lilie nur zu geben,
Sie soll in einzig süßem Glanze schweben,
Die Blüten sinken willig in ihr Grab;
Und Blumen sprechen duftend, wie mit Zungen:
Das Licht, das Licht ist in die Blumenwelt gedrungen!

Und Segen tauet auf die Erde nieder.
Die Lilie senket schon ihr schönes Haupt.
Helljauchzend preisen sie der Vöglein Lieder,
Und auch die Rose blüht noch röter wieder –
Und ist die Erde jetzt des Lichts beraubt? –
Sie hat ein schönes Feuer sich gezündet:
Die Farben haben duftend rings ein Lob verkündet!

Die rote Blume, schön vorangegangen,
Sie spiegelte sich in dem klaren Tau,
Und wie die Vöglein in den Zweigen sangen,
Der Lilie gedrängte Knospen sprangen,
Sank perlend er hinab zur grünen Au.
Da haben wir der Lilie Schein gesehen;
Doch was die Hohe sprach, wer konnt es ganz verstehen?

Die Farben sind's, die erst das Wort gesprochen,
Was wohl der Lilie süßes Wesen war.
Und hat ein Dorn der Lilie Glanz erstochen,
So hat die Rose doch von ihr gesprochen,
Nun lebt das Licht in Farben offenbar.

O hätten näher wir das Wort gehöret,
Das durch den Hochmut doch nicht ganz uns ward
zerstöret!

Der böse Dorn war anfangs anzuschauen
Ohn alle Farbe, licht und weiß wie Schnee.
Da wollt er stolz auf eigne Kräfte bauen
Und fiel und fiel in nächtlich tiefes Grauen,
Verlor die weißen Blüten – Weh dir, weh!
Und wann die Blumen all zurückgekommen,
Bleibt er der Frucht, der herben, schwarzen,
unbenommen.

Wenn jetzt die Sonne heiß am Himmel stehet,
Es dampft die Flur im reichen Blütenduft,
Vom warmen Wind, der durch die Lüfte wehet,
Ein wogend Wallen über Felder gehet,
Zum Widerklange blauer Himmelsluft:
Es wehen Glöckchen blau von allen Hügeln,
Der Himmel will sich in des Kornes Blume spiegeln.

[Tageszeiten: *Runge zeichnete 1802/03 die ersten Entwürfe für seinen (stark allegorischen) Zyklus »Die Tageszeiten«; er war als Raumdekoration gedacht, die jedoch nie verwirklicht wurde.*]

## KARL WILHELM SALICE-CONTESSA

### *Selbstmord*

Die Sonne stirbt, getaucht in Blut;
Der Sturm entfaltet heulend seine Flügel;
Der Himmel stürzt in wilder Flut;
Entsetzen rauscht um diesen Tannenhügel.

Willkommen, süße Harmonie,
Zu der, dem Zorn des Himmels zu Gefallen,
Die Hölle ihre Stimmen lieh!
Ich fühle dich im Herzen widerhallen!

Ja, heule Sturm! und stürze Flut!
Das Tal mit deinen Wogen anzufüllen,
Zu kühlen dieses Busens Glut
Und diesen Durst auf ewig mir zu stillen!

Wer rief mich aus dem finstern Nichts
Auf diesen düstern Schauplatz fader Träume,
Zum Kampf des Dunkels und des Lichts?
Wer riß des Wurmes Leben aus dem Keime?

Wer warf mich auf dies blut'ge Meer
Zum willenlosen Spiele falscher Wellen?
Der lecke Nachen treibt umher,
Um bald an schroffen Klippen zu zerschellen.

Wer zwang mich denn, ein Mensch zu sein,
Dies Mittelding von Teufel und von Affen,
Zu seiner eignen Qual allein
Im Zorn der launigen Natur erschaffen?

Nein, rasch hinaus den letzten Schritt!
Hinweg von dieser blutgedüngten Erde,
Wo jeder Fuß auf Bruderasche tritt!
Du winkst mir, Tod, mit lächelnder Gebärde!

Die freie Hand schließt auf die Brust,
Auf ewig diesem Herzen Ruh zu geben:
Es stößt mit nie empfundner Lust
In roter Flut hinweg das feige Leben.

## *Die Städterin*

Glück entblüht nicht öden Heiden:
Stumm und tot ist die Natur.
Frisches Leben, wahre Freuden
Gibt die große Stadt dir nur.

Sieh die Reihen der Paläste,
Häuserwälder, steinern Meer!
Wo, als wie zum ew'gen Feste,
Zahllos Volk wogt hin und her!

Sieh die Assembleen und Bälle
Und der Oper Zauberei!
In der Nacht des Tages Helle
Und die Lust beständig neu!

Was des Menschen Witz erfunden,
Erd- und Meeresschoß entwunden,
Gold und Perlen, Seid und Kanten
Und die Glut der Diamanten,

Gibt sich dir zum Schmucke hin,
Und erlauschend deine Mienen,
Stehn die Männer, dir zu dienen,
Und du bist die Königin!

## ZACHARIAS WERNER

### *An die Deutschen*

*Epilog zur »Weihe der Kraft«*
*(im Jahre 1806)*

Kraft! Freiheit! Glauben! – Habt Ihr es vernommen?
Vereinzelt sind sie nimmer zu erringen!
Das Herrliche, es kann Euch noch gelingen,
Doch kann's Euch nur aus jenem Dreiklang kommen!

Seht! Eure Stützen sind Euch fortgeschwommen!
Kann Euch die Zeit, könnt Ihr der Zeit was bringen?
Das Ew'ge nur, es kann die Zeit bezwingen,
Und stark und frei, das sind allein die Frommen!

Nur Teile saht Ihr stets und nur das Viele,
Gesammelt wart Ihr nie zum Ganzen, Einen;
Drum ist gekommen, was Ihr selbst verschuldet.

Jetzt rettet Euch zum einzigen Asyle:
Zum Glauben flieht, entflieht dem leeren Meinen,
Das Rechte tut, und das Gerechte – duldet!

[Weihe der Kraft: *Die Tragödie »Martin Luther oder die Weihe der Kraft« wurde 1806 in Berlin uraufgeführt. Luther erschien hier als Wiederhersteller des echten Glaubens.*]

## *Hellenik und Romantik*

*Genua. Auf der Bocchetta, den 9. September 1808*

Könnt, Genua, ich tausendfach mich teilen,
In deinem Hafen mit den Wellen fließen,
Empor mit deinen Goldorangen sprießen,
Mich wölben kühn mit deinen Marmorsäulen,

Zu deiner Töchter Schar, ein Heros, eilen,
Der Glutenaugen Schleier aufzuschließen
Und alle Nektarkelche zu genießen,
Ausschlürfen jeden und bei keinem weilen!

Weg mit der fernen Sehnsucht Nebeltraume!
Das Marmorbild der Göttin von Cythere
Im Spiegel nicht, umfangend wird's genossen!

So träumt ich. – Da entstieg dem Meeresschaume
Die Göttin selbst, in Rosenduft zerflossen.
Im Dufte klang's: »Ich forme, ich verkläre!«

[Göttin von Cythere: *Beiname der Aphrodite, der Göttin der (sexuellen) Liebe und der Schönheit, nach der griech. Insel Kythera.*]

## *Der Rheinfall bei Schaffhausen*

*Den 20. Juli 1808*

Gewässer, ihr rasselnden, rauschenden, rast ihr? Von wannen, wozu?
Entronnen aus Liebe, wir rangen und ringen zur Liebe, wie du!

Rasselnd Gewässer, was rasest du? – »Fort!« –
Wohin? – »Nach dort, sonder Rast, mit Qual
Ins brennende Tal! Es rasselt uns nach;
Uns jagt zum Brautgelag brausende, sausende

Grauslust, zu schwelgen an Bräutigams Brust.« –
Es ist euch bewußt, ihr kosenden, wogenden,
Silberne Bogen umwälzenden Jungfraun,
Mein seliges Graun! Ach könnt ich mich sammeln
Und stammeln und lallen durchs mächtige Schallen
Der Wässer von allen Gefühlen das eine:
Warum ich im Scheine der wallenden, fließenden,
Froh sich ergießenden, feurigen Fluten
Die Gluten der freudigen Tränen jetzt weine!
»In dir sind wir drin, wir schliefen
In Tiefen von dir sonder Reuen, die Treuen!
Doch erschreckt und geweckt durch die Pein deiner Sünden,
Entzünden wir uns in dem Abgrund und ringen
Und dringen mit Klingen durch weinende Schuld
Zum Heiland, der wieder uns finden, umwinden,
Entsünden uns wird; drum wir jauchzen und schrein,
Den Bräutgam zu weihn; drum wir rauschen und ringen,
Zu schlingen von außen und innen ihn ein!« –
Rasselnde, träumende Töchter vom ewigen Schaum,
Nehmt mich mit aus dem Raum, aus der Arbeit der Zeit
In die Ewigkeit! – »Was heischest du?« – Ruh! –
Und sie lachen dazu. – Doch der König Gold,
Die Sonn, aufrollt den azurnen Saum;
Und den Schaum auf der tanzenden, tönenden Höh
Bekrönt ein sehnendes rosiges Rot;
Und ein freudiger Tod verschlingt es zur Sühne!
Die silberne Grüne, die bräutlich helle
Smaragdene Welle, von fließendem Schnee
Und dem wonnigen Weh des purpurnen jungen
Hinflutenden Helden umschlungen, gesogen
Von wollüstig wogender gieriger Grüne,
In seliger, sühnender, süßer Umarmung

Der ew'gen Erbarmung, in heiliger Weihnacht,
Eh beide auf silbernem Leilach erstarben,
Entwogen die freudigen Farben im Bogen
Gezogen des Bundes! – Gefunden ist Liebe,
Dem Wogengetriebe das einige Sein!
Rasselnd Gewässer, nimm mich ein! »Komm nach!
Entfleuch deiner Schmach!« – Doch es wendet den Lauf
Der Dulder und endet. Hinauf, keuchend, steigt er den steilen
Berg. Ach, könnt ich noch weilen bei euch,
Euch gleich! Ach, könnt ich lieben!
Hier wär ich geblieben! Zu euch, wollüstige Wogen,
Wär ich wonnig gezogen; und den Jammer vermummt
Der Glanz – und das Rasseln verstummt und weint,
Und der Flutenpalast erscheint von fern
Ein verglimmender Stern, ein Bläschen von Schaum
Dem Pilger im öden Raum. – Anstarrt
Ihn Gegenwart – der dämmernde, leere,
Nach Leben vergebens sich sehnende,
Ewig entbehrend sich dehnende Traum.

## CLEMENS BRENTANO

### *Phantasie*

*(Für Flöte, Klarinette, Waldhorn und Fagott)*

FLÖTE
Stille Blumen,
In der Liebe Heiligtumen
Nicht entsprossen,
Welken nieder.

Süße Lieder,
Ohne Echo hingeflossen,
Kehren nimmer wieder.

KLARINETTE
Doch zeiget der Spiegel im Quelle,
So freundlich und helle,
Das eigne Gebild;
Wie's flüchtig in rastloser Schnelle
Sich eilend geselle,
Und Welle an Welle
Dem Leben entquillt.

FAGOTT
Wohnen nicht klar in mir
Des Geistes Gestalten,
Leben, so will ich Dir
Den Busen entfalten;
Wer den eignen Ton nicht hört,
Lausche, bis er wiederkehrt –
Widerschein
Blickt ins dunkle Herz herein.

WALDHORN
Des Vorhangs leises Beben
Erschreckt mich nicht,
Und kann ich nicht erstreben
Das eigne Licht:
So wandl ich schön und stille
Ein Kind dahin:
Mich grüßt durch fromme Hülle
Ein heil'ger Sinn.

ALLE
Es eilet jed Leben die eigene Bahn;
Es schauet der Spiegel den Menschen nicht an;
Es küsset die Welle die Welle so gerne,
Und reißet vom Ganzen nicht einer sich los;
Doch blüht einem jeden das Ganze im Schoß,
Und tief durch den Schleier, da weht es von ferne.

FLÖTE
Helle Sterne
Blinken aus der weiten Ferne
Fremdes Licht –
Und die Tränen,
Die sich nach dem Freunde sehnen,
Siehst Du nicht.

WALDHORN
Es wandelt voll Liebe im Leben
Die Sonn und das Mondlicht herauf;
Doch, wenn wir das eigne nicht geben,
Schließt nimmer der Schatz sich uns auf.

FAGOTT
Was wir suchen, ach, das wohnet,
Unerkannt
Uns im Herzen, unbelohnet;
Und die Hand
Haschet stets nach äußerm Schimmer.
Was wir nicht umfassen,
Das müssen wir lassen;
Denn wir fassen's sicher nimmer.

KLARINETTE
Die ganze Welt
Umwölbet ein Zelt,
Über jeglicher Pforte
Stehn goldne Worte.
Das Aug der Sonne glühet
Zur Blume, die aufsteht,
Den heißen Gruß;
Auf Mondeslippen blühet
Der Blume, die heimgeht,
Der stille Kuß.
Und wer mit beiden
Nicht kindlich spricht,
Dem leuchtet kein Licht,
Der findet den Ein- und den Ausgang nicht,
Der kann nicht kommen, nicht scheiden.

ALLE
Und wer sich mit Liebe nicht selber umarmt,
Für den ist das Leben zum Bettler verarmt.
In eigenem Busen muß alles erklingen,
Und daß der Sinn leicht finden es kann,
Hat's viele buntfarbige Kleider an,
Und Hülle und Geist sich zum Leben verschlingen.

Sprich aus der Ferne
Heimliche Welt,
Die sich so gerne
Zu mir gesellt.

Wenn das Abendbrot niedergesunken,
Keine freudige Farbe mehr spricht,
Und die Kränze stilleuchtender Funken
Die Nacht um die schattige Stirne flicht:

Wehet der Sterne
Heiliger Sinn
Leis durch die Ferne
Bis zu mir hin.

Wenn des Mondes still lindernde Tränen
Lösen der Nächte verborgenes Weh,
Dann wehet Friede. In goldenen Kähnen
Schiffen die Geister im himmlischen See.

Glänzender Lieder
Klingender Lauf
Ringelt sich nieder,
Wallet hinauf.

Wenn der Mitternacht heiliges Grauen
Bang durch die dunklen Wälder hinschleicht
Und die Büsche gar wundersam schauen,
Alles sich finster tiefsinnig bezeugt:

Wandelt im Dunkeln
Freundliches Spiel,
Still Lichter funkeln
Schimmerndes Ziel.

Alles ist freundlich wohlwollend verbunden,
Bietet sich tröstend und traurend die Hand,
Sind durch die Nächte die Lichter gewunden,
Alles ist ewig im Innern verwandt.

Sprich aus der Ferne
Heimliche Welt,
Die sich so gerne
Zu mir gesellt.

---

Ich eile hin, und ewig flieht dem Blicke
Des Lebens Spiegel fort in wilder Flut,
Die Sehnsucht in die Ferne nimmer ruht,
Und weinend schaut Erinnerung zurücke,
Da blickt aus einer Blume neu Geschicke.
Zwei blaue Kelche voll von Liebesglut
Erwecken in dem Flüchtling neuen Mut,
Daß er das Leben wieder jung erblicke.
Es hat der Sinn die Aussicht wiederfunden,
Er sieht im klaren Strome abgespiegelt
Des Wechsel-Lebens zwiefach-lieblich Bild,
Die Fläche ruht und schwillt in tiefen Stunden,
Wenn Leidenschaft die Trunkenheit entzügelt
Und Liebe sich dem Strome nackt enthüllt.

### *Bilden und verstehen*

Was wir in uns die tiefe Sehnsucht nennen,
Was uns mit dunklen Wünschen still erfüllt,
Die tiefe Wärme, hohes Licht so mild,
Sind Elemente, die wir selten kennen,

Die sich im einzelnen geheim zertrennen,
Wie Licht in Dir, in mir sich Wärme hüllt,
Doch nimmer dringt ein Leben durch das Bild,
Wenn Licht und Wärme nicht als Flamme brennen.

Die Wärme in dem Herzen war so groß,
Daß ich ins kühle Morgenlicht gesehen;
Nun brennet wild die Flamme mir im Schoß.

Und endlich muß ein heilig Bild erstehen,
Reißt ewig sich so Licht als Wärme los,
So einigt sich ja *Bilden* und *Verstehen*.

## *Auf dem Rhein*

Ein Fischer saß im Kahne,
Ihm war das Herz so schwer,
Sein Lieb war ihm gestorben,
Das glaubt er nimmermehr.

Und bis die Sternlein blinken
Und bis zum Mondenschein
Harrt er, sein Lieb zu fahren
Wohl auf dem tiefen Rhein.

Da kömmt sie bleich geschlichen
Und schwebet in den Kahn
Und schwanket in den Knien,
Hat nur ein Hemdlein an.

Sie schwimmen auf den Wellen
Hinab in tiefer Ruh,
Da zittert sie und wanket,
Feinsliebchen, frierest du?

Dein Hemdlein spielt im Winde,
Das Schifflein treibt so schnell,
Hüll dich in meinen Mantel,
Die Nacht ist kühl und hell.

Stumm streckt sie nach den Bergen
Die weißen Arme aus
Und lächelt, da der Vollmond
Aus Wolken blickt heraus,

Und nickt den alten Türmen
Und will den Sternenschein
Mit ihren starren Händlein
Erfassen in dem Rhein.

O halte dich doch stille,
Herzallerliebstes Gut!
Dein Hemdlein spielt im Winde
Und reißt dich in die Flut.

Da fliegen große Städte
An ihrem Kahn vorbei,
Und in den Städten klingen
Wohl Glocken mancherlei.

Da kniet das Mägdlein nieder
Und faltet seine Händ,
Aus seinen hellen Augen
Ein tiefes Feuer brennt.

Feinsliebchen, bet hübsch stille,
Schwank nit so hin und her,
Der Kahn möcht uns versinken,
Der Wirbel reißt so sehr.

In einem Nonnenkloster,
Da singen Stimmen fein,
Und aus dem Kirchenfenster
Bricht her der Kerzenschein.

Da singt Feinslieb gar helle
Die Metten in dem Kahn
Und sieht dabei mit Tränen
Den Fischerknaben an.

Da singt der Knab gar traurig
Die Metten in dem Kahn
Und sieht dazu Feinsliebchen
Mit stummen Blicken an.

Und rot und immer röter
Wird nun die tiefe Flut,
Und bleich und immer bleicher
Feinsliebchen werden tut.

Der Mond ist schon zerronnen,
Kein Sternlein mehr zu sehn,
Und auch dem lieben Mägdlein
Die Augen schon vergehn.

Lieb Mägdlein, guten Morgen,
Lieb Mägdlein, gute Nacht!
Warum willst du nun schlafen,
Da schon der Tag erwacht?

Die Türme blinken sonnig,
Es rauscht der grüne Wald
Vor wildentbrannten Weisen,
Der Vogelsang erschallt.

Da will er sie erwecken,
Daß sie die Freude hör,
Er schaut zu ihr hinüber
Und findet sie nicht mehr.

Ein Schwälblein strich vorüber
Und netzte seine Brust,
Woher, wohin geflogen,
Das hat kein Mensch gewußt.

Der Knabe liegt im Kahne,
Läßt alles Rudern sein,
Und treibet weiter, weiter
Bis in die See hinein.

Ich schwamm im Meeresschiffe
Aus fremder Welt einher
Und dacht an Lieb und Leben
Und sehnte mich so sehr.

Ein Schwälblein flog vorüber,
Der Kahn schwamm still einher,
Der Fischer sang dies Liedchen,
Als ob ich's selber wär.

## *Lureley*

Zu Bacharach am Rheine
Wohnt' eine Zauberin,
Die war so schön und feine
Und riß viel Herzen hin

Und machte viel zuschanden
Der Männer rings umher,
Aus ihren Liebesbanden
War keine Rettung mehr.

Der Bischof ließ sie laden
Vor geistliche Gewalt
Und mußte sie begnaden,
So schön war ihr' Gestalt.

Er sprach zu ihr gerühret:
»Du arme Lore Lay,
Wer hat dich denn verführet
Zu böser Zauberei?«

»Herr Bischof, laßt mich sterben,
Ich bin des Lebens müd,
Weil jeder muß verderben,
Der meine Augen sieht.

Die Augen sind zwei Flammen,
Mein Arm ein Zauberstab,
O schickt mich in die Flammen,
O brechet mir den Stab.«

»Den Stab kann ich nicht brechen,
Du schöne Lore Lay,
Ich müßt dann zerbrechen
Mein eigen Herz entzwei.

Ich kann dich nicht verdammen,
Bis du mir erst bekennt,
Warum in deinen Flammen
Mein eignes Herz schon brennt.«

»Herr Bischof, mit mir Armen
Treibt nicht so bösen Spott
Und bittet um Erbarmen
Für mich den lieben Gott.

Ich darf nicht länger leben,
Ich lieb kein Leben mehr,
Den Tod sollt ihr mir geben,
Drum kam ich zu euch her.

Ein Mann hat mich betrogen,
Hat sich von mir gewandt,
Ist fort von mir gezogen,
Fort in ein andres Land.

Die Blicke sanft und wilde,
Die Wangen rot und weiß,
Die Worte still und milde,
Die sind mein Zauberkreis.

Ich selbst muß drin verderben,
Das Herz tut mir so weh,
Vor Jammer möcht ich sterben,
Wenn ich zum Spiegel seh.

Drum laßt mein Recht mich finden,
Mich sterben wie ein Christ,
Denn alles muß verschwinden,
Weil er mir treulos ist.«

Drei Ritter ließ er holen:
»Bringt sie ins Kloster hin,
Geh Lore! Gott befohlen
Sei dein berückter Sinn.

Du sollst ein Nönnchen werden,
Ein Nönnchen schwarz und weiß.
Bereite dich auf Erden
Zum Tod mit Gottes Preis.«

Zum Kloster sie nun ritten
Die Ritter alle drei
Und traurig in der Mitten
Die schöne Lore Lay.

»O Ritter, laßt mich gehen
Auf diesen Felsen groß,
Ich will noch einmal sehen,
Nach meines Buhlen Schloß,

Ich will noch einmal sehen
Wohl in den tiefen Rhein
Und dann ins Kloster gehen
Und Gottes Jungfrau sein.«

Der Felsen ist so jähe,
So steil ist seine Wand,
Sie klimmen in die Höhe,
Da tritt sie an den Rand

Und sprach: »Willkomm, da wehet
Ein Segel auf dem Rhein,
Der in dem Schifflein stehet,
Der soll mein Liebster sein.

Mein Herz wird mir so munter,
Er muß der Liebste sein.«
Da lehnt sie sich hinunter
Und stürzet in den Rhein.

Es fuhr mit Kreuz und Fahne
Das Schifflein an das Land,
Der Bischof saß im Kahne,
Sie hat ihn wohl erkannt.

Daß er das Schwert gelassen,
Dem Zauber zu entgehn,
Daß er zum Kreuz tät fassen,
Das konnt sie nicht verstehn.

Wer hat dies Lied gesungen?
Ein Priester auf dem Rhein,
Und immer hat's geklungen
Vom hohen Felsenstein:

Lureley,
Lureley,
Lureley.

Als wären es meiner drei!

---

Wenn die Sonne weggegangen,
Kömmt die Dunkelheit heran,
Abendrot hat goldne Wangen,
Und die Nacht hat Trauer an.

Seit die Liebe weggegangen,
Bin ich nun ein Mohrenkind,
Und die roten, frohen Wangen
Dunkel und verloren sind.

Dunkelheit muß tief verschweigen
Alles Wehe, alle Lust,
Aber Mond und Sterne zeigen,
Was ihr wohnet in der Brust.

Wenn die Lippen dir verschweigen
Meines Herzens stille Glut,
Müssen Blick und Tränen zeigen,
Wie die Liebe nimmer ruht.

---

Wie sich auch die Zeit will wenden, enden
Will sich nimmer doch die Ferne,
Freude mag der Mai mir spenden, senden
Möcht Dir alles gerne, weil ich Freude mir erlerne,
Wenn Du mit gefaltnen Händen
Freudig hebst der Augen Sterne.

Alle Blumen mich nicht grüßen, süßen
Gruß nehm ich von Deinem Munde.
Was nicht blühet Dir zu Füßen, büßen
Muß es bald zur Stunde, eher ich auch nicht gesunde,
Bis Du mir mit frohen Küssen
Bringest meines Frühlings Kunde.

Wenn die Abendlüfte wehen, sehen
Mich die lieben Vöglein kleine
Traurig an der Linde stehen, spähen,
Wenn ich wohl so ernstlich meine, daß ich helle Tränen weine,
Wollen auch nicht schlafen gehen,
Denn sonst wär ich ganz alleine.

Vöglein, euch mag's nicht gelingen, klingen
Darf es nur von ihrem Sange,
Wie des Maies Wonneschlingen, singen
Alles ein in neuem Zwange; aber daß ich Dein verlange
Und Du mein, mußt Du auch singen,
Ach, das ist schon ewig lange.

### *Frühes Liedchen*

Lieb und Leid im leichten Leben
Sich erheben, abwärts schweben,
Aus dem Spiegel schauen Bilder,
Blicken milder, blicken wilder.

In dem Strome Well auf Welle
Sich geselle, trüb und helle,
Schauet nieder, arme Triebe,
Hell und trübe ist die Liebe.

Frühling muß mit süßen Blicken
Mich entrücken, den berücken,
Sommer muß mit Furcht und Mirten
Mich bewirten und umgürten.

Herbst, du sollst mich Haushalt lehren,
Zu begehren, zu entbehren,
Winter lehre mich erwerben,
Gerne sterben, Frühling erben.

Wasser fallen, um zu springen,
Um zu klingen, um zu singen,
Schweig ich stille, denn zu sagen
Wäre wagen und entsagen.

## *[Der Spinnerin Lied]*

Es sang vor langen Jahren
Wohl auch die Nachtigall.
Das war wohl süßer Schall,
Da wir zusammen waren.

Ich sing und kann nicht weinen
Und spinne so allein
Den Faden klar und rein,
Solang der Mond wird scheinen.

Da wir zusammen waren,
Da sang die Nachtigall.
Nun mahnet mich ihr Schall,
Daß du von mir gefahren.

So oft der Mond mag scheinen,
So denk ich dein allein.
Mein Herz ist klar und rein,
Gott wolle uns vereinen.

Seit du von mir gefahren,
Singt stets die Nachtigall,
Ich denk bei ihrem Schall,
Wie wir zusammen waren.

Gott wolle uns vereinen.
Hier spinn ich so allein,
Der Mond scheint klar und rein,
Ich sing und möchte weinen.

*[Nach der Urfassung der »Chronika des fahrenden Schülers« (1805/06).]*

FABIOLA
Hör, es klagt die Flöte wieder,
Und die kühlen Brunnen rauschen.

PIAST
Golden wehn die Töne nieder,
Stille, stille, laß uns lauschen!

FABIOLA
Holdes Bitten, mild Verlangen,
Wie es süß zum Herzen spricht!

PIAST
Durch die Nacht, die mich umfangen,
Blickt zu mir der Töne Licht.

[*Aus: »Die lustigen Musikanten.«*]

## *Verzweiflung an der Liebe in der Liebe*

In Liebeskampf? In Todeskampf gesunken?
Ob Atem noch von ihren Lippen fließt?
Ob ihr der Krampf den kleinen Mund verschließt?
Kein Öl die Lampe? oder keinen Funken?

Der Jüngling – betend? tot? in Liebe trunken?
Ob er der Jungfrau höchste Gunst genießt?
Was ist's, das der gefallne Becher gießt?
Hat Gift, hat Wein, hat Balsam sie getrunken?

Des Jünglings Arme Engelsflügel werden –
Nein, Mantelsfalten – Leichentuches Falten.
Um sie strahlt Heil'genschein – zerraufte Haare.

Strahl Himmelslicht, flamm Hölle zu der Erde,
Brich der Verzweiflung rasende Gewalten,
Enthüll – verhüll – das Freudenbett – die Bahre.

---

Wie wird mir? Wer wollte wohl weinen,
Wenn winkend aus wiegendem See
Süß sinnend die Sternelein scheinen?
Werd heiter, weich weiter, du wildwundes Herz.

Komm, Kühle, komm, küsse den Kummer
Süß säuselnd von sinnender Stirn,
Schlaf, schleiche, umschleire mit Schlummer
Die Schmerzen, die schwül mir die Seele umschwirrn.

Flöß flehend, du Flötengeflüster,
Mir Himmel und Heimat ans Herz,
Leucht lieblich und lispele düster
Und fächle, daß lächle im Schlummer der Schmerz.

Sieh! sind schon die Sonnen gesunken,
Glück glimmert in Abendlichts Glut,
Und Finsternis feiert mit Funken,
Licht locket ins Leben das liebende Blut.

Wir wanken in wohnsamer Wiege,
Wind weht wohl ein Federlein los,
Wie's wehe, wie's fliege, wie's liege,
Fein fiel es und spielt es dem Vater im Schoß.

### [*Schwanenlied*]

Wenn die Augen brechen,
Wenn die Lippen nicht mehr sprechen,

Wenn das pochende Herz sich stillet
Und der warme Blutstrom nicht mehr quillet:
O dann sinkt der Traum zum Spiegel nieder,
Und ich hör der Engel Lieder wieder,
Die das Leben mir vorüber trugen,
Die so selig mit den Flügeln schlugen
Ans Geläut der keuschen Maiesglocken,
Daß sie all die Vöglein in den Tempel locken,
Die so süße wildentbrannte Psalmen sangen:
Daß die Liebe und die Lust so brünstig rangen,
Bis das Leben war gefangen und empfangen,
Bis die Blumen blühten,
Bis die Früchte glühten
Und gereift zum Schoß der Erde fielen,
Rund und bunt zum Spielen,
Bis die goldnen Blätter an der Erde rauschten
Und die Wintersterne sinnend lauschten,
Wo der stürmende Sämann hin sie säet,
Daß ein neuer Frühling schön erstehet.
Stille wird's, es glänzt der Schnee am Hügel,
Und ich kühl im Silberreif den schwülen Flügel,
Möcht ihn hin nach neuem Frühling zücken,
Da erstarret mich ein kalt Entzücken –
Es erfriert mein Herz, ein See voll Wonne,
Auf ihm gleitet still der Mond und sanft die Sonne,
Unter den sinnenden, denkenden, klugen Sternen
Schau ich mein Sternbild an in Himmelsfernen;
Alle Leiden sind Freuden, alle Schmerzen scherzen,
Und das ganze Leben singt aus meinem Herzen:
Süßer Tod, süßer Tod
Zwischen dem Morgen- und Abendrot.

Säusle, liebe Mirte,
Wie still ist's in der Welt,
Der Mond, der Sternenhirte
Auf klarem Himmelsfeld,
Treibt schon die Wolkenschafe
Zum Born des Lichtes hin:
Schlaf, mein Freund, o schlafe,
Bis ich wieder bei Dir bin.

Säusle, liebe Mirte,
Und träum im Sternenschein;
Die Turteltaube girrte
Auch ihre Brut schon ein.
Still ziehn die Wolkenschafe
Zum Born des Lichtes hin,
Schlaf, mein Freund, o schlafe,
Bis ich wieder bei Dir bin.

---

Hörst du, wie die Brunnen rauschen,
Hörst du, wie die Grille zirpt?
Stille, stille, laß uns lauschen,
Selig, wer in Träumen stirbt.
Selig, wen die Wolken wiegen,
Wem der Mond ein Schlaflied singt!
O, wie selig kann der fliegen,
Dem der Traum den Flügel schwingt,
Daß an blauer Himmelsdecke
Sterne er wie Blumen pflückt:
Schlafe, träume, flieg, ich wecke
Bald Dich auf und bin beglückt.

## *Nachklänge Beethovenscher Musik*

1.

Einsamkeit, du Geisterbronnen,
Mutter aller heil'gen Quellen,
Zauberspiegel innrer Sonnen,
Die berauschet überschwellen,
Seit ich durft in deine Wonnen
Das betrübte Leben stellen,
Seit du ganz mich überronnen
Mit den dunklen Wunderwellen,
Hab zu tönen ich begonnen,
Und nun klingen all die hellen
Sternenchöre meiner Seele,
Deren Takt ein Gott mir zähle,
Alle Sonnen meines Herzens,
Die Planeten meiner Lust,
Die Kometen meines Schmerzens,
Klingen hoch in meiner Brust.
In dem Monde meiner Wehmut,
Alles Glanzes unbewußt,
Kann ich singen und in Demut
Vor den Schätzen meines Innern,
Vor der Armut meines Lebens,
Vor der Allmacht meines Strebens
Dein, o Ew'ger, mich erinnern!
Alles andre ist vergebens.

2.

Gott, dein Himmel faßt mich in den Haaren,
Deine Erde zieht mich in die Hölle,
Gott, wie soll ich doch mein Herz bewahren,
Daß ich deine Schätze sicherstelle,
Also fleht der Sänger, und es fließen

Seine Klagen hin wie Feuerbronnen,
Die mit weiten Meeren ihn umschließen;
Doch inmitten hat er Grund gewonnen,
Und er wächst zum rätselvollen Riesen.
Memnons Bild, des Aufgangs erste Sonnen,
Ihre Strahlen dir zur Stirne schießen,
Klänge, die die alte Nacht ersonnen,
Tönest du, den jüngsten Tag zu grüßen:
Auserwählt sind wen'ge, doch berufen
Alle, die da hören, an die Stufen.

3.

Selig, wer ohne Sinne
Schwebt, wie ein Geist auf dem Wasser,
Nicht wie ein Schiff – die Flaggen
Wechslend der Zeit, und Segel
Blähend, wie heute der Wind weht,
Nein, ohne Sinne, dem Gott gleich,
Selbst sich nur wissend, und dichtend
Schafft er die Welt, die er selbst ist,
Und es sündigt der Mensch drauf,
Und es war nicht sein Wille!
Aber geteilet ist alles.
Keinem ward alles, denn jedes
Hat einen Herrn, nur der Herr nicht;
Einsam ist er und dient nicht,
So auch der Sänger!

4.

Nichts weiß ich von dir, o Wellington,
Aber die Welle
Tönt deinen Namen so britisch.
Kleinod der Erde, England,
Eiland, vom Meere gegürtet,

Jungfräulich, Arche auf grünenden
Hügeln ruhend, der Sündflut
Bist du entrücket, dich lieb ich,
Nicht um handelbequeme
Gestalt in mancher Vollendung,
Nein, um dich nur, denn heilig
Sind wohl die Inseln. Die Sterne
Gürtet umsonst nicht das Blau,
Und die sehenden Augen,
Wunderinseln des Lichtes,
Schwimmen umsonst nicht im Glanz;
Was umarmt ist, ist Tempel,
Freistatt des Geistes, der die Welt trägt.
Wer möchte sonst leben?

5.

Wer hat die Schlacht geschlagen,
Wer hat die Schlacht getönt,
Wer hat den Sichelwagen,
Der über das Blutfeld dröhnt,
Harmonisch hinübergetragen,
Daß sich der Schmerz versöhnt?
Wen hat in heißen Tagen
Ein solcher Kranz gekrönt,
Wer darf so herrlich ragen,
Von Sieg und Kunst verschönt?
Wellington in Tones Welle
Woget und wallet die Schlacht,
Wie eines Vulkanes Helle,
Durch die heilige Sternennacht.
Er spannt dir das Roß aus dem Wagen
Und zieht dich mit Wunderakkorden
Durch ewig tönende Pforten.
Triumph, auf Klängen getragen!

Wellington, Viktoria!
Beethoven, Gloria!

[Memnons Bild: *Vgl. Erläuterungen zu A. W. Schlegels »Die Sprache der Liebe«, S. 69. – Beethovens op. 91 »Wellingtons Sieg oder Die Schlacht bei Vittoria« wurde am 8. 12. 1813 in Wien zuerst aufgeführt.*]

## *Frühlingsschrei eines Knechtes aus der Tiefe*

1.

Meister, ohne dein Erbarmen
Muß im Abgrund ich verzagen,
Willst du nicht mit starken Armen
Wieder mich zum Lichte tragen.

2.

Jährlich greifet deine Güte
In die Erde, in die Herzen,
Jährlich weckest du die Blüte,
Weckst in mir die alten Schmerzen.

3.

Einmal nur zum Licht geboren,
Aber tausendmal gestorben,
Bin ich ohne dich verloren,
Ohne dich in mir verdorben.

4.

Wenn sich so die Erde reget,
Wenn die Luft so sonnig wehet,
Dann wird auch die Flut beweget,
Die in Todesbanden stehet.

5.

Und in meinem Herzen schauert
Ein betrübter bittrer Bronnen,
Wenn der Frühling draußen lauert,
Kömmt die Angstflut angeronnen.

6.

Weh! durch gift'ge Erdenlagen,
Wie die Zeit sie angeschwemmet,
Habe ich den Schacht geschlagen,
Und er ist nur schwach verdämmet.

7.

Wenn nun rings die Quellen schwellen,
Wenn der Grund gebärend ringet,
Brechen her die gift'gen Wellen,
Die kein Fluch, kein Witz mir zwinget.

8.

Andern ruf ich, schwimme, schwimme,
Mir kann solcher Ruf nicht taugen,
Denn in mir ja steigt die grimme
Sündflut, bricht aus meinen Augen.

9.

Und dann scheinen bös Gezüchte
Mir die bunten Lämmer alle,
Die ich grüßte, süße Früchte,
Die mir reiften, bittre Galle.

10.

Herr, erbarme du dich meiner,
Daß mein Herz neu blühend werde,
Mein erbarmte sich noch keiner
Von den Frühlingen der Erde.

11.

Meister, wenn dir alle Hände
Nahn mit süßerfüllten Schalen,
Kann ich mit der bittern Spende
Meine Schuld dir nimmer zahlen.

12.

Ach, wie ich auch tiefer wühle,
Wie ich schöpfe, wie ich weine,
Nimmer ich den Schwall erspüle
Zum Kristallgrund fest und reine.

13.

Immer stürzen mir die Wände,
Jede Schicht hat mich belogen,
Und die arbeitblut'gen Hände
Brennen in den bittern Wogen.

14.

Weh! der Raum wird immer enger,
Wilder, wüster stets die Wogen,
Herr, o Herr! ich treib's nicht länger,
Schlage deinen Regenbogen.

15.

Herr, ich mahne dich: Verschone!
Herr, ich hört in jungen Tagen,
Wunderbare Rettung wohne,
Ach, in deinem Blute, sagen.

16.

Und so muß ich zu dir schreien,
Schreien aus der bittern Tiefe,
Könntest du auch nicht verzeihen,
Daß dein Knecht so kühnlich riefe!

17.

Daß des Lichtes Quelle wieder
Rein und heilig in mir flute,
Träufle einen Tropfen nieder,
Jesus, mir, von deinem Blute!

---

Ich bin durch die Wüste gezogen,
Des Sandes glühende Wogen
Verbrannten mir den Fuß.
Die Sonne sog mir im Zorne
Das Wasser aus jedem Borne,
Es folgte kein Regenguß.
Ich dürste, es bringen die Dorne
Mein siedendes Blut in Fluß.

Aus zog ich mit sieben Kamelen,
Es lechzen unsere Kehlen,
Wie rette ich Weib und Kind.
Wo finde ich frische Quellen,
Die Schätze von Gold und Juwelen
Begrub im Sande der Wind.
Soll uns das Leben nicht fehlen,
O Himmel, regne geschwind!

Ich wühlte mit glühendem Schwerte
Den Kindern ihr Grab in der Erde,

Bis auf das letzte fürwahr!
Das ruht unterm Mutterherzen,
Bis sie es in Jammer und Schmerzen
Hinsterbend dem Tode gebar.
Es heult die Hyäne, doch erzen
Stellt mir sich das Schicksal dar.

Gern hätte ich Tränen getrunken,
Der Augen Quell ist versunken,
Oase, wie liegst du so fern!
Vor Glut ist das Herz mir verglommen,
Das Ziel, ich fühl es gekommen,
Ich rufe zum sinkenden Stern:
Der Herr hat gegeben, genommen,
Gelobt sei der Name des Herrn!

### *25. August 1817*

Einsam will ich untergehn,
Keiner soll mein Leiden wissen,
Wird der Stern, den ich gesehn,
Von dem Himmel mir gerissen,
Will ich einsam untergehn
Wie ein Pilger in der Wüste.

Einsam will ich untergehn
Wie ein Pilger in der Wüste,
Wenn der Stern, den ich gesehn,
Mich zum letzten Male grüßte,
Will ich einsam untergehn
Wie ein Bettler auf der Heide.
Einsam will ich untergehn
Wie ein Bettler auf der Heide,

Gibt der Stern, den ich gesehn,
Mir nicht weiter das Geleite,
Will ich einsam untergehn
Wie der Tag im Abendgrauen.

Einsam will ich untergehn
Wie der Tag im Abendgrauen,
Will der Stern, den ich gesehn,
Nicht mehr auf mich niederschauen,
Will ich einsam untergehn
Wie ein Sklave an der Kette.

Einsam will ich untergehn
Wie der Sklave an der Kette,
Scheint der Stern, den ich gesehn,
Nicht mehr auf mein Dornenbette,
Will ich einsam untergehn
Wie ein Schwanenlied im Tode.

Einsam will ich untergehn
Wie ein Schwanenlied im Tode,
Ist der Stern, den ich gesehn,
Mir nicht mehr ein Friedensbote,
Will ich einsam untergehn
Wie ein Schiff in wüsten Meeren.

Einsam will ich untergehn
Wie ein Schiff in wüsten Meeren,
Wird der Stern, den ich gesehn,
Jemals weg von mir sich kehren,
Will ich einsam untergehn
Wie der Trost in stummen Schmerzen.

Einsam will ich untergehn
Wie der Trost in stummen Schmerzen,
Soll den Stern, den ich gesehn,
Jemals meine Schuld verscherzen,
Will ich einsam untergehn
Wie mein Herz in deinem Herzen.

---

Meine Irrtümer in diesem Liede
Wecken meine so wie deine
Schmerzen tief im Herzen
Immer wieder, wieder
Auf;
Aber leider, leider, leider!
Tränen, Sehnen, Gähnen
Löschen, wäschen
Sie im Fließpapier, Siegspanier
Unsrer Wehmut, Demut
Immer wieder wieder
Aus.
Denn wir lachen, machen Sachen,
Solche Dinger für die Singer,
Lieder draus,
Vor den Mieder einen Strauß!

*10. Jänner 1834*

Wo schlägt ein Herz, das bleibend fühlt?
Wo ruht ein Grund, nicht stets durchwühlt,
Wo strahlt ein See, nicht stets durchspült,
Ein Mutterschoß, der nie erkühlt,

Ein Spiegel, nicht für jedes Bild,
Wo ist ein Grund, ein Dach, ein Schild,
Ein Himmel, der kein Wolkenflug,
Ein Frühling, der kein Vögelzug,
Wo eine Spur, die ewig treu,
Ein Gleis, das nicht stets neu und neu,
Ach, wo ist Bleibens auf der Welt,
Ein redlich, ein gefriedet Feld,
Ein Blick, der hin und her nicht schweift
Und dies und das und nichts ergreift,
Ein Geist, der sammelt und erbaut,
Ach, wo ist meiner Sehnsucht Braut!
Ich trage einen treuen Stern
Und pflanzt' ihn in den Himmel gern
Und find kein Plätzchen tief und klar
Und keinen Felsgrund zum Altar,
Hilf suchen, Süße, halt, o halt!
Ein jeder Himmel leid't Gewalt.
Amen!

### *20. Jänner [1835] nach großem Leid*

Ich darf wohl von den Sternen singen,
Mich hat die Blume angeblickt,
Und wird mein armes Lied gelingen,
Dann wird vom Stern mir zugenickt.
O Stern und Blume, Geist und Kleid,
Lieb, Leid und Zeit und Ewigkeit.

Im Garten stand die frühe Waise
Und senkt den Blick zum Blumenfeld,
Die Sonne sank im Purpurgleise,
Die Sterne spannen aus ihr Zelt.

O Stern und Blume, Geist und Kleid,
Lieb, Leid und Zeit und Ewigkeit.

Mit euch wohl wagt ein Kind zu sprechen,
Ihr kennet mich, und bin ich stumm,
Weil mir das kranke Herz will brechen,
Bringt ihr mich nicht mit Fragen um.
O Stern und Blume, Geist und Kleid,
Lieb, Leid und Zeit und Ewigkeit.

Ihr lieben Blumen still und innig,
Ein Tröpfchen Tau, ein Licht, ein Hauch,
Ihr lieben Sterne klar und sinnig,
Ein Strahl, ein Blick, ein Blitz, ein Aug.
O Stern und Blume, Geist und Kleid,
Lieb, Leid und Zeit und Ewigkeit.

Und wie die Sterne heller blinken,
Beugt Schatten sich aufs Blumenfeld,
Und auch des Kindes Augen sinken,
Der Traum sie in den Armen hält.
O Stern und Blume, Geist und Kleid,
Lieb, Leid und Zeit und Ewigkeit.

Ihr Engel steiget auf und nieder
Bringt Sternenlust, bringt Blumenschmerz
Und küßt die unerschaffnen Lieder
Und legt sie schlafen auf ihr Herz.
O Stern und Blume, Geist und Kleid,
Lieb, Leid und Zeit und Ewigkeit.

Und wiegt die tauberauschte Rose
Im Dornenbettchen bald zur Ruh
Und schließt dem Veilchen in dem Moose

Die frommen Augen segnend zu.
  O Stern und Blume, Geist und Kleid,
Lieb, Leid und Zeit und Ewigkeit.

Die Blumen all, die farbig prangen,
Sie waren bald nicht mehr zu sehn,
Die Nacht nahm ihre Pracht gefangen,
Nur eine Schar blieb betend stehn.
  O Stern und Blume, Geist und Kleid,
Lieb, Leid und Zeit und Ewigkeit.

Sieh, dorten um die süße Linde
Steht eine reine Lilienschar,
Der Engel zeigte sie dem Kinde,
Sie leuchteten ganz wunderbar.
  O Stern und Blume, Geist und Kleid,
Lieb, Leid und Zeit und Ewigkeit.

Der Engel sprach: Mein Kind, o sehe,
Die Lilie unter Dornen dort,
Das Licht wird Fleisch, horch: »Es geschehe
Der Magd des Herrn nach deinem Wort!«
  O Stern und Blume, Geist und Kleid,
Lieb, Leid und Zeit und Ewigkeit.

Die Lilie spinnt nicht, doch es webet
Aus ihr das Wort sich einen Leib,
Zur Jungfrau ist das Licht geschwebet,
Und Mutter Gottes ward das Weib.
  O Stern und Blume, Geist und Kleid,
Lieb, Leid und Zeit und Ewigkeit.

Und als der Geist sie überschattet,
Deckt rings die Nacht das Blumenfeld,

Der Lilie nur das Licht sich gattet,
Das auf den Leuchter wird gestellt.
O Stern und Blume, Geist und Kleid,
Lieb, Leid und Zeit und Ewigkeit.

Die Lilie, die nicht zieht, nicht schweifet,
Nicht fallen läßt und wieder sucht,
Die sehnend still zum Lichte greifet,
Sie fand das Licht und trug die Frucht.
O Stern und Blume, Geist und Kleid,
Lieb, Leid und Zeit und Ewigkeit.

So sprach der Engel zu dem Kinde
Und führt es zu der Lilie Licht,
Da kniet es nieder an der Linde
Und fand im Traum die Worte nicht.
O Stern und Blume, Geist und Kleid,
Lieb, Leid und Zeit und Ewigkeit.

Da sprach zum Kind die reine Lilie,
Die nie vorher gesprochen hat:
Wach auf, wach auf zu mir, Emilie,
Sing mit mir das Magnificat.
O Stern und Blume, Geist und Kleid,
Lieb, Leid und Zeit und Ewigkeit.

Ob sie es sang, ich kann's nicht sagen,
Sie hat mich träumend angeblickt,
Es hat ihr Herz bei mir geschlagen,
Es hat ihr Haupt mir zugenickt.
O Stern und Blume, Geist und Kleid,
Lieb, Leid und Zeit und Ewigkeit.

Das kalte Wissen war ermattet,
Das milde Fühlen war erwacht,
Die Blumen waren überschattet,
Emilie hat mich angelacht.
O Stern und Blume, Geist und Kleid,
Lieb, Leid und Zeit und Ewigkeit.

Geh, armes Lied, und sag der Lieben,
Es hat ein Herz zum Tode krank
Mich unter Tränen aufgeschrieben
Und zagt, ich sei dir nicht zu Dank!
O Stern und Blume, Geist und Kleid,
Lieb, Leid und Zeit und Ewigkeit.

[Emilie: *Emilie Linder (1797–1867), aus Basel stammende Münchner Malerin, Brentanos Altersliebe, die er im Oktober 1833 kennengelernt hatte.* – Der Engel sprach: *Luk. 1,30ff.; Joh. 1,4ff.; 1,14.* – Die Lilie spinnt nicht: *Matth. 6,28; Luk. 12,27.* – überschattet: *Luk. 1,35.* – Magnificat: *Lobgesang Marias; Luk. 1,46ff.*]

---

Wenn der lahme Weber träumt, er webe,
Träumt die kranke Lerche auch, sie schwebe,
Träumt die stumme Nachtigall, sie singe,
Daß das Herz des Widerhalls zerspringe,
Träumt das blinde Huhn, es zähl die Kerne,
Und der drei je zählte kaum, die Sterne,
Träumt das starre Erz, gar linde tau es,
Und das Eisenherz, ein Kind vertrau es,
Träumt die taube Nüchternheit, sie lausche,
Wie der Traube Schüchternheit berausche;
Kömmt dann Wahrheit mutternackt gelaufen,
Führt der hellen Töne Glanzgefunkel
Und der grellen Lichter Tanz durchs Dunkel,

Rennt den Traum sie schmerzlich übern Haufen,
Horch! die Fackel lacht, horch! Schmerz-Schalmeien
Der erwachten Nacht ins Herz all schreien;
Weh, ohn Opfer gehn die süßen Wunder,
Gehn die armen Herzen einsam unter!

---

Was reif in diesen Zeilen steht,
Was lächelnd winkt und sinnend fleht,
Das soll kein Kind betrüben,
Die Einfalt hat es ausgesät,
Die Schwermut hat hindurchgeweht,
Die Sehnsucht hat's getrieben;
Und ist das Feld einst abgemäht,
Die Armut durch die Stoppeln geht,
Sucht Ähren, die geblieben,
Sucht Lieb, die für sie untergeht,
Sucht Lieb, die mit ihr aufersteht,
Sucht Lieb, die sie kann lieben,
Und hat sie einsam und verschmäht
Die Nacht durch dankend in Gebet
Die Körner ausgerieben,
Liest sie, als früh der Hahn gekräht,
Was Lieb erhielt, was Leid verweht,
Ans Feldkreuz angeschrieben,
O Stern und Blume, Geist und Kleid,
Lieb, Leid und Zeit und Ewigkeit!

---

O Traum der Wüste, Liebe, endlos Sehnen,
Blau überspannt vom Zelte, Stern an Stern;
O Wüstenglut voll Tau, ob Lieb voll Tränen,
Weil sich unendlich Nahes ewig fern.

O Wüstentraum, wo Lieb und Herzschlag lauschet,
Wenn flücht'gen Wildes Huf die Wüste drischt,
O Traum, wo der Geliebten Schleier rauschet,
Wenn Geierflug im Sandmeer Schlangen fischt.

O Wüstentraum, wo Liebe träumt zu fassen
Jetzt Josephs Mantelsaum mit durst'ger Hand,
Da geißelt wach, verhöhnt halb, ganz verlassen
Ihr Herz, der Wüste Geißel, glüher Sand.

O Liebe, Wüstentraum und Sehnsuchtspalme,
Die blütenlos Gezweig zum Himmel streckt,
Bis segnend in des höchsten Liedes Psalme,
Der Engel sie mit heil'gem Fruchtstaub weckt.

O Wüste, Traum der Liebe, die verachtet
Vom Haus verstoßen mit der Hagar irrt,
Wo schläft der Quell? da Ismael verschmachtet,
Bis deine Brust ihm eine Amme wird.

O Wüstentraum der Liebe, die sich sehnet,
Steigt nie ein Weiherauch aus dir empor?
Geht duftend, auf den Bräutigam gelehnet,
Nie meine Seele heil aus dir hervor?

O Wüste, wo das Wort der ew'gen Liebe
Im unversehrten Dorn vor Moses flammt,
Ein Zeugnis, daß die Mutter Jungfrau bliebe,
Aus deren Schoß der Sohn der Gottheit stammt.

Lieb', Wüstentraum, so laut des Rufers Stimme
»Bereit den Weg des Herrn!« dir mahnend schallt,
Summt in des Löwen Schlund dir doch die Imme,
Die Süßes baut im Rachen der Gewalt.

O Durst der Liebe, Wüstentraum, wann spaltet
Der Herr den Fels, daß Wasser gibt der Stein,
Wann deckt in dir den Tisch, der gütig waltet,
Wann sammle ich das Himmelbrot mir ein?

Durst, Liebe, Wüstentraum, dort scheint am Hügel
Der Morgenstrahl, ein Hirtenfeuer weiß,
Wo Durst gewähnt des Wasserfalles Spiegel,
Fand Liebe ein Geschiebe Fraueneis.

O Liebe, Wüstentraum des Heimatkranken,
Ihr Paradiese, schimmernd in der Luft,
Ihr Sehnsuchtsströme, die durch Wiesen ranken,
Ihr Palmenhaine, lockend in dem Duft.

O Liebe, Wüstentraumquell, beim Erwachen
Rauscht dir kein Quell, es wirbelt glüher Sand,
Es saust das Haus der Schlangen und der Drachen
Und prasselt nieder an der Felsenwand.

O Wüstentraum, wo Sehnsucht Feuer trinket
Und Liebe, angehaucht vom gift'gen Smum,
Ohn Trost und Hoffnung tot zur Erde sinket; –
O Tod ohn Liebe, Hoffnung, Ehr und Ruhm!

O Wüstentraum der Lieb! in der Oase
Labt dich am Quell, der zwischen Palmen glänzt,
Ein schlankes Kind – die Schlange ist's im Grase,
Der Räuber Kundschaftrin, ein Truggespenst.

O Liebe, Wüstentraum, nach kurzem Gasten
Sprengt dich der Räuber gastfrei an mit Hohn:
»Mein Brüderchen! Entlaste dich zum Fasten,
Wo denkest du hinaus, mein lieber Sohn?«

O Liebe, Wüstentraum, du mußt verbluten,
Beraubt, verwundet, trifft der Sonne Stich,
Der Wüste Speer dich, und in Sandesgluten
Begräbt der Wind dich, und Gott findet dich!

[Hagar, Ismael: *vgl. 1. Mose 21, 14–19.* – Smum: *Samum, der Wüstensturm.*]

## ACHIM VON ARNIM

Wär mir Lautenspiel nicht blieben,
Ach, wie sagt ich dir, was lieben?
Doch die vielgebrauchten Worte
Öffnen klingend sich die Pforte
Zu der tiefen Herzenskammer.
Neue Freude, alter Jammer,
Alles, was in mir empfunden,
Ruft in einem Klang verbunden.

Wär mir Lautenspiel nicht blieben,
Wie ertrüg ich all das Lieben,
Dieses Rauschen in den Wellen,
Dieses Mondes früh Erhellen,
Dieser Bäume tausend Zungen.
Was gelebt, ist nicht verklungen,
Alles, alles kehret wieder,
Holde Geister, sel'ge Lieder.

## *Abendempfindung*

Wie die Tage nehmen ab!
Dunkel wird's hier wie ein Grab,
Abend glänzt, die Bäum am Fenster
Funkeln, rauschen hin und her,
Und die Schwalben wie Gespenster
Schießen pfeilschnell kreuz und quer.
In den Büchern wird es trübe,
Aller Sinn mir fast vergeht,
Zwielicht scheut der Weisheit Liebe,
Lieb im Freien sich ergeht;
Und die Nächte nehmen zu
Zu der Liebe Lust und Ruh.

## *Der König ohne Volk*

Ein König auf dem Throne,
Mit seinem Szepter von Gold
Den Rat oft schlug zum Hohne,
War keinem Menschen hold.

Den Hunden an dem Tische
Der Rat die Teller hält,
Er füttert gut die Fische,
Sein Volk in Hunger fällt.

Sein Völkchen war beritten,
Er ärgert sie so baß,
Daß alle sind fortgeritten,
Da ward der König blaß.

Er konnte sie nicht halten,
Sein ganzes Volk ritt fort,

Er konnt allein nun walten
An seinem Hundeort.

»Wenn mir die Hunde bleiben,
So bin ich dennoch reich,
Die Zeit mir zu vertreiben,
Das andre gilt mir gleich.«

Die Hunde, schlecht bedienet,
Die wurden falsch und wild,
Und als er sich erkühnet,
Zerrissen sie sein Schild,

Zerrissen seinen Mantel,
Da stand er nackt und bloß,
Da sah man bei dem Handel,
Er hätt einen Buckel groß.

Du mußt die Lehre fassen,
Mein edler Fürstensohn,
Wen schon die Besten verlassen,
Der sitzt nicht fest auf dem Thron.

---

Mir ist zu licht zum Schlafen,
Der Tag bricht in die Nacht,
Die Seele ruht im Hafen,
Ich bin so froh verwacht.

Ich hauchte meine Seele
Im ersten Kusse aus,
Was ist's, daß ich mich quäle,
Ob sie auch fand ein Haus.

Sie hat es wohl gefunden
Auf ihren Lippen schön,
O welche sel'ge Stunden,
Wie ist mir so geschehn!

Was soll ich nun noch sehen,
Ach, alles ist in ihr,
Was fühlen, was erflehen,
Es ward ja alles mir.

Ich habe was zu sinnen,
Ich hab, was mich beglückt,
In allen meinen Sinnen
Bin ich von ihr entzückt.

---

Je tiefer wir in uns versinken,
Je näher dringen wir zur Hölle,
Bald fühlen wir des Glutstroms Welle
Und müssen bald darin vertrinken;
Er zehrt das Fleisch von unserm Leibe,
Und öde wird's im Zeitvertreibe,
In uns ist Tod!
Die Welt ist Gott!
O Mensch, laß nicht vom Menschen los,
Ist deine Sünde noch so groß,
Meid nur die Sehnsucht nach den Sünden,
So kannst du noch viel Gnade finden;
Wer hat die Gnade noch ermessen?
Es kann der Mensch so viel vergessen!

---

Es sonnte sich ein kranker Knabe
Auf seiner armen Mutter Gruft,
Da fasset ihn der Ahndung Gabe,
Er wittert einer Blume Duft,
  Die ferne schwebet in dem Meere,
  Weit an dem Ende aller Welt,
  In die aus hoher, luft'ger Leere
  Die Sonne wie ein Same fällt.

Es glüht auf seiner blassen Wange
Nun eine Röte wunderbar,
Es schwebt sein Ohr in tiefem Klange,
Es wird sein Auge ihm so klar,
  Es glänzt auf seinem stillen Herzen
  Ein Regenbogen wie ein Strauß,
  Der hat verkündet seine Schmerzen
  Hoch in des Himmels sel'gem Haus.

Dem Himmel hat er ihn verbunden,
Zeigt ihm das offne Himmelstor,
Er schauet nun in Schmerzensstunden,
Was Lust ihm nie gezeigt zuvor.
  Wie kann er nun die Welt verschmerzen,
  Ihm ist verschwunden aller Graus,
  Sein Herz, gebrochen einst in Schmerzen,
  Sieht froh die Witterung voraus.

Er sieht voraus die Liebestage,
Wo Hand in Hand sich gern ergeht,
Manch Mädchen zeigt die Hand zur Frage,
Weil er die Linien jetzt versteht.
  Des Knaben Ruf ist weit erschollen,
  Denn jeder fragt nach Witterung,
  Die Alten, weil sie ernten wollen,
  Und weil sich lieben, die noch jung.

Jetzt hat der Schlaf ihn fest umfangen,
Da nimmt die Mutter seine Hand,
Da sieht er all, was ihm vergangen,
Und keine Zukunft er drin fand:
  O Liebe, wo du gegenwärtig,
  Da ist das eigne Leben aus,
  Die Seele ist dann reisefertig,
  Du trägst sie in ein andres Haus.

»O Muttererde, laß dich grüßen,
Du trugst mich treu in stiller Qual,
Laß deine kühlen Lippen küssen,
Hast andre Kinder ohne Zahl,
  Doch ich gehör dem Vaterlande,
  Dem Vater in dem Himmelreich,
  Es lösen sich die alten Bande,
  Zum letztenmal die Hand mir reich.«

Er kann sich selber nicht begreifen,
Es wird ihm wohl, so auf einmal,
Da sieht er dann die Engel schweifen
Auf seines Tränenbogens Strahl,
  Wie sie die bunten Flügel schlagen,
  Daß jede Farbe klingt im Glanz,
  Er fühlt von ihnen sich getragen,
  Den Fuß bewegt in ihrem Tanz.

Was ihm das Herz sonst abgestoßen,
Das singt er jetzt mit kaltem Blut,
Sein Blut hat sich in Lieb ergossen,
Und keine Furcht beschränkt den Mut,
  Wo sich das Auge sonst geschlossen,
  Da hebt es nun den Blick von hier,
  Er ruft: »Der Himmel ist erschlossen,
  Ich fürchte mich nicht mehr vor mir.«

Da ruft er wonnig allen Lieben:
»Es kommt ein Tag, wie's keinen gab,
Die Ernte dürft ihr nicht verschieben,
Die Liebe greift zum Wanderstab!«
  Er ruft: »Brich an, du Tag der Sage,
  Der ew'ges Wetter mir verspricht!«
  Sein Herz schläft ein – am jüngsten Tage
  Erwacht es rein zum Weltgericht.

## *Getrennte Liebe*

Zwei schöne, liebe Kinder,
Die hatten sich so lieb,
Daß eines dem andern im Winter
Mit Singen die Zeit vertrieb,
Diesseit und jenseit am Wasserfall
Höret ihr immer den Doppelschall.

Der Winter bauet Brücken,
Sie beide hat vereint,
Und jedes mit frohem Entzücken
Die Brücke nun ewig meint;
Diesseit und jenseit am Wasserfall
Wohnen die Eltern getrennt im Tal.

Der Frühling ist gekommen,
Das Eis will nun aufgehn,
Da werden sie beide beklommen,
Die laulichen Winde wehn;
Diesseit und jenseit am Wasserfall
Stürzen die Bäche mit wildem Schall.

Was hilft der helle Bogen,
Womit der Fall entzückt,

Von ihnen so liebreich erzogen,
Zum erstenmal bunt geschmückt?
Diesseit und jenseit am Wasserfall
Höret sie klagen getrennt im Tal.

Die Vögel über fliegen,
Die Kinder traurig stehn
Und müssen sich einsam begnügen,
Einander von fern zu sehn;
Diesseit und jenseit am Wasserfall
Kreuzen die Schwalben mit lautem Schall.

Sie möchten zusammen mit Singen
So wie der Vögel Brut
Den himmlischen Frühling verbringen,
Das Scheiden so wehe tut;
Diesseit und jenseit am Wasserfall
Sehn sie sich endlich zum letztenmal.

Der Knabe kriegt zur Freude
Ein Röckchen wie ein Mann,
Das Mädchen ein Kleidchen von Seide,
Nun gehet die Schule an;
Diesseit und jenseit am Wasserfall
Gehn sie zum Kloster bei Glockenschall.

Sie sahn sich lang nicht wieder,
Sie kannten sich nicht mehr,
Das Mädchen mit vollem Mieder,
Der Knabe ein Mönch schon wär;
Diesseit und jenseit am Wasserfall
Kamen und riefen sie sich im Tal.

Das Mädchen ruft so helle,
Der Knabe singt so tief;

Verstehen sich endlich doch schnelle,
Als alles im Hause schlief;
Diesseit und jenseit am Wasserfall
Springen im Mondschein die Fische all.

Froh in der nächt'gen Frische
Sie kühlen sich im Fluß,
Sie können nicht schwimmen wie Fische
Und suchen sich doch zum Kuß;
Diesseit und jenseit am Wasserfall
Reißen die Strudel sie fort mit Schall.

Die Eltern hören singen
Und schaun aus hohem Haus,
Zwei Schwäne im Sternenschein ringen
Zum Dampfe des Falls hinaus;
Diesseit und jenseit am Wasserfall
Hören sie Echo mit lautem Schall.

Die Schwäne herrlich sangen
Ihr letztes schönstes Lied,
Und leuchtende Wölkchen hangen,
Manch Engelein niedersieht;
Diesseit und jenseit am Wasserfall
Schwebet wie Blüte ein süßer Schall.

Der Mond sieht aus dem Bette
Des glatten Falls empor,
Die Nacht mit der Blumenkette
Erhebet zu sich dies Chor;
Diesseit und jenseit am Wasserfall
Grünt es von Tränen nun überall.

---

Nur Wehmut, Wehmut überall,
Wohin die Sonne scheint,
In Wehmut seufzt die Nachtigall,
Die Liebende vereint,
Es ist nur ein Vorübergehn,
Es ist nur ein Hinüberwehn.

Dem Herzen ist die Brust zu eng,
Der Liebe diese Welt,
Und daß sich nicht der Kopf zerspreng,
Nicht Herz und Welt zerschellt,
Bleibt uns nur die Gewalt des Scheins,
Als blieben wir einst ewig eins.

Doch ich verzichte auf den Schein,
Die Ewigkeit ist nicht,
Daß ich bewahre dieses Mein,
Das hier so schmerzlich bricht;
Nein, daß ich es verschenken kann,
Da fängt ein ewiges Leben an.

---

Es schwebt ein Glanz hoch überm Gold der Ähren,
Sie tauchen nickend in den Segen ein,
Ein Engel weint die hellen Freudenzähren,
Am Himmel zieht ein einz'ger Stern allein.
Die Hirten schlafen noch und lächeln drein,
Sie ahnden schon, wie nah der Herr mag sein.

Dem Engel geht ein Lamm so still zur Seite,
Das trägt ein Kreuz und blickt zu allen mild,
Die Schäflein sehen auf, was das bedeute,
Sie freuen sich am höhern Ebenbild:

»Ihr Hirten, wachet auf, verkündet laut,
Ihr habt den Herrn im fernen Glanz geschaut.«

Es naht der Herr in dieses Tages Frühe,
Im Erntesegen nahet uns der Herr,
Er lohnet uns Vertrauen, Liebe, Mühe,
Er gibt sich selbst für uns, so lohnet er.
Es ziehn die Könige zum Erntefest,
Wie kann die Hütte fassen solche Gäst.

Die arme Hütte kann sie alle fassen,
Es macht der Glanz sie alle froh und satt,
Und seinen Thron mag jeder gern verlassen,
Der hier noch einen Platz zum Knieen hat.
Es ist ein Kind geboren in dem Glanz,
Ihm bringen sie den reichen Erntekranz.

Aus Ähren und aus Trauben ist gebunden
Der Kranz, den sie dem Kinde bieten dar,
Sie haben es beim Strahl des Sterns gefunden,
Der noch am Tageshimmel leuchtet klar.
Einst segnet dieses Kind das Brot, den Wein,
Gott wird euch nah im irdschen Zeichen sein.

Hat euch der Herr im Reichtum sich verkündet,
In seiner Ernten schöner Mannigfalt,
Verkündet ihn der Welt, der euch entsündet,
In dem Geschenk übt göttliche Gewalt:
Gedenkt des Herrn beim Brot, beim Becher Wein,
So kehrt der Herr im Geiste bei euch ein.

---

Grün im Grünen glänzen Stellen,
Wo die Engel nachts getanzet;
Wo sie küssend sich gesellen,
Sind uns Blumen eingepflanzet,
Die zum jüngsten Tag bewahren,
Wenn die Nacht in Lust entschwunden;
Scheue Lieb in jungen Jahren
Hat zur Wallfahrt sie gefunden.

Weg und Aussicht ist erschlossen
An des Abhangs steilstem Pfade,
Nun die Sonne hat ergossen
Ihre Tränen, ihre Gnade;
Und so sind wir Mitgenossen,
Die hier liebend sich begegnen,
Aller Liebe, die verflossen,
Und empfinden neu ihr Segnen.

Seht, nun steht der Irisbogen
Fest auf diesen steilen Höhen;
Wo die Liebenden geflogen,
Können wir nur schwindelnd gehen.
Außer Atem füllt mit Tönen
Sich der Mund und süßem Bangen,
Raphael, dich hier zu krönen,
Möchten wir uns unterfangen.

[Raphael: *der Maler Raffael Santi (1483–1520); das Gedicht steht in der Erzählung »Raphael und seine Nachbarinnen«.*]

## *Ritt im Mondschein*

Herz zum Herzen ist nicht weit
Unter lichten Sternen,

Und das Aug, von Tau geweiht,
Blickt zu lieben Fernen;
Unterm Hufschlag klingt die Welt,
Und die Himmel schweigen,
Zwischen beiden mir gesellt,
Will der Mond sich zeigen.

Zeigt sich heut in roter Glut
An dem Erdenrande,
Gleich als ob mit heißem Blut
Er auf Erden lande,
Doch nun flieht er scheu empor,
Glänzt in reinem Lichte,
Und ich scheue mich auch vor
Seinem Angesichte.

### *Dem Verlassenen*

Die Männer mochten gern dich schauen,
Solang du in den Tag gelacht,
Es winkten dir viel schöne Frauen,
Nun schleichst du einsam in der Nacht.
Wie viele drückten dir die Hände,
Die du jetzt ringst in Einsamkeit,
Sie schließen dir die Tür behende,
Als ob der Wächter Zwölfe schreit.
Sie schließen sich wie Festungswälle,
Die Heimat ist nun deiner satt,
Und öde Fremdheit nimmt die Stelle,
Wo sonst die traute Vaterstadt.
Die Freunde füllen noch die Becher,
Du schaust mit Liebedurst das Haus,
Die Flaschen werfen dir die Zecher

Jetzt auf den Kopf vom wilden Schmaus.
Vergiß doch, was du hier besessen,
Hat denn dein Herz noch keine Ruh?
Von allen bist du hier vergessen,
Das schnürt dir noch die Kehle zu!
Wer denkt des Geistes reiche Fülle,
Seit dir der Unsinn nicht gefällt?
Wohin du schaust, wird eine Stille,
Denn du gehörst nicht mehr der Welt.
Den Ernst sie nannten schwarze Galle,
Den festen Willen Hochmuts-Wahn,
Sie scheuten dich wie eine Falle,
Die ausgestellt auf ihrer Bahn,
Die ihnen Schlingen möchte legen
In ihrer Frevel Freuden-Lauf,
Sie wollen keinen letzten Segen
Und keiner Reue Schmerzenkauf.
Du bist verschlagen auf dem Meere,
Dein Ruf dringt nicht zum festen Land,
Es zeigt der Widerhall die Leere
Und auch des Geist'gen Unbestand.
Wohl bist du zum Gespenst geworden,
Seit dich der Strahl der Weisheit traf,
Kehr wieder heim zum Narrenorden,
Und keiner sinkt bei dir in Schlaf.
Du aber denkst an ew'ges Schlafen,
An Feuer-Arme, ausgestreckt,
Vom Leuchtturm, an dem dunklen Hafen,
Wo jener erste Stern entdeckt.
O Strahl des Himmels, nachtgeboren,
Vergebens trittst du nicht hervor,
Gib ihm Vertraun, daß unverloren,
Was ausgeht durch das irdsche Tor:
Ja, wenn dort eine Seele bebet

Mit gleicher Flamme wie sein Geist,
Daß nichts ihn hält, daß er entschwebet,
Wohin ihn lang die Sehnsucht reißt.

### *Der Welt Herr*

Morgenstund hat Gold im Munde,
Denn da kommt die Börsenzeit
Und mit ihr die süße Kunde,
Die des Kaufmanns Herz erfreut:
Was er abends spekulieret,
Hat den Kurs heut regulieret.

Eilend ziehen die Kuriere
Mit dem kleinen Kursbericht,
Daß er *diese* Welt regiere,
Von der *andern* weiß ich's nicht:
Zitternd sehn ihn Potentaten,
Und es bricht das Herz der Staaten.

## AUS: DES KNABEN WUNDERHORN

### *Wer hat dies Liedlein erdacht?*

Dort oben in dem hohen Haus,
Da guckt ein wacker Mädel raus,
Es ist nicht dort daheime,
Es ist des Wirts sein Töchterlein,
Es wohnt auf grüner Heide.

Und wer das Mädel haben will,
Muß tausend Taler finden
Und muß sich auch verschwören,
Nie mehr zu Wein zu gehn,
Des Vaters Gut verzehren.

Wer hat denn das schöne Liedel erdacht?
Es haben's drei Gäns über's Wasser gebracht,
Zwei graue und eine weiße;
Und wer das Liedlein nicht singen kann,
Dem wollen sie es pfeifen.

### *Rosmarin*

Es wollt die Jungfrau früh aufstehn,
Wollt in des Vaters Garten gehn,
Rot Röslein wollt sie brechen ab,
Davon wollt sie sich machen
Ein Kränzelein wohl schön.

Es sollt ihr Hochzeitskränzlein sein:
»Dem feinen Knab, dem Knaben mein,
Ihr Röslein rot, ich brech euch ab,
Davon will ich mir winden
Ein Kränzelein so schön.«

Sie ging im Grünen her und hin,
Statt Röslein fand sie Rosmarin:
»So bist du, mein Getreuer, hin!
Kein Röslein ist zu finden,
Kein Kränzelein so schön.«

Sie ging im Garten her und hin,
Statt Röslein brach sie Rosmarin:
»Das nimm du, mein Getreuer, hin!
Lieg bei dir unter Linden,
Mein Totenkränzlein schön.«

### *Der traurige Garten*

Ach Gott, wie weh tut Scheiden,
Hat mir mein Herz verwundt,
So trab ich über Heiden
Und traure zu aller Stund;
Der Stunden, der sind alsoviel,
Mein Herz trägt heimlich Leiden,
Wiewohl ich oft fröhlich bin.

Hätt mir ein Gärtlein bauet
Von Veil und grünem Klee,
Ist mir zu früh erfroren,
Tut meinem Herzen weh;
Ist mir erfrorn bei Sonnenschein
Ein Kraut Jelängerjelieber,
Ein Blümlein Vergißnichtmein.

Das Blümlein, das ich meine,
Das ist von edler Art,
Ist aller Tugend reine,
Ihr Mündlein, das ist zart,
Ihr' Äuglein, die sind hübsch und fein,
Wann ich an sie gedenke,
So wollt ich gern bei ihr sein.

Mich dünkt in all mein Sinnen,
Und wann ich bei ihr bin,
Sie sei ein Kaiserinne,
Kein lieber ich nimmer gewinn;
Hat mir mein junges Herz erfreut,
Wann ich an sie gedenke,
Verschwunden ist mir mein Leid.

## *Verspätung*

»Mutter, ach Mutter! es hungert mich,
Gib mir Brot, sonst sterbe ich.«
»Warte nur, mein liebes Kind,
Morgen wollen wir säen geschwind.«

Und als das Korn gesäet war,
Rief das Kind noch immerdar:
»Mutter, ach Mutter! es hungert mich,
Gib mir Brot, sonst sterbe ich.«
»Warte nur, mein liebes Kind,
Morgen wollen wir ernten geschwind.«

Und als das Korn geerntet war,
Rief das Kind noch immerdar:
»Mutter, ach Mutter! es hungert mich,
Gib mir Brot, sonst sterbe ich.«
»Warte nur, mein liebes Kind,
Morgen wollen wir dreschen geschwind.«

Und als das Korn gedroschen war,
Rief das Kind noch immerdar:
»Mutter, ach Mutter! es hungert mich,
Gib mir Brot, sonst sterbe ich.«

»Warte nur, mein liebes Kind,
Morgen wollen wir mahlen geschwind.«

Und als das Korn gemahlen war,
Rief das Kind noch immerdar:
»Mutter, ach Mutter! es hungert mich,
Gib mir Brot, sonst sterbe ich.«
»Warte nur, mein liebes Kind,
Morgen wollen wir backen geschwind.«

Und als das Brot gebacken war,
Lag das Kind schon auf der Bahr.

### *Wassersnot*

Zu Koblenz auf der Brücken,
Da lag ein tiefer Schnee,
Der Schnee, der ist verschmolzen,
Das Wasser fließt in See.

Es fließt in Liebchens Garten,
Da wohnet niemand drein,
Ich kann da lange warten,
Es wehn zwei Bäumelein.

Die sehen mit den Kronen
Noch aus dem Wasser grün,
Mein Liebchen muß drin wohnen,
Ich kann nicht zu ihr hin.

Wenn Gott mich freundlich grüßet
Aus blauer Luft und Tal,

Aus diesem Flusse grüßet
Mein Liebchen mich zumal.

Sie geht nicht auf der Brücken,
Da gehn viel schöne Fraun,
Sie tun mich viel anblicken,
Ich mag die nicht anschaun.

## *Der Schweizer*

Zu Straßburg auf der Schanz,
Da ging mein Trauren an,
Das Alphorn hört ich drüben wohl anstimmen,
Ins Vaterland mußt ich hinüberschwimmen,
Das ging nicht an.

Ein Stunde in der Nacht
Sie haben mich gebracht;
Sie führten mich gleich vor des Hauptmanns Haus,
Ach Gott, sie fischten mich im Strome auf,
Mit mir ist's aus.

Frühmorgens um zehn Uhr
Stellt man mich vor das Regiment;
Ich soll da bitten um Pardon
Und ich bekomm doch meinen Lohn,
Das weiß ich schon.

Ihre Brüder allzumal,
Heut seht ihr mich zum letztenmal;
Der Hirtenbub ist doch nur schuld daran,
Das Alphorn hat mir solches angetan,
Das klag ich an.

Ihr Brüder alle drei,
Was ich euch bitt, erschießt mich gleich;
Verschont mein junges Leben nicht,
Schießt zu, daß das Blut rausspritzt,
Das bitt ich euch.

O Himmelskönig, Herr!
Nimm du meine arme Seele dahin,
Nimm sie zu dir in den Himmel ein,
Laß sie ewig bei dir sein
Und vergiß nicht mein!

## *Das buckliche Männlein*

Will ich in mein Gärtlein gehn,
Will mein Zwiebeln gießen,
Steht ein bucklicht Männlein da,
Fängt als an zu niesen.

Will ich in mein Küchel gehn,
Will mein Süpplein kochen,
Steht ein bucklicht Männlein da,
Hat mein Töpflein brochen.

Will ich in mein Stüblein gehn,
Will mein Müslein essen,
Steht ein bucklicht Männlein da,
Hat's schon halber gessen.

Will ich auf mein Boden gehn,
Will mein Hölzlein holen,
Steht ein bucklicht Männlein da,
Hat mir's halber gstohlen.

Will ich in mein Keller gehn,
Will mein Weinlein zapfen,
Steht ein bucklicht Männlein da,
Tut mir'n Krug wegschnappen.

Setz ich mich ans Rädlein hin,
Will mein Fädlein drehen,
Steht ein bucklicht Männlein da,
Läßt mir's Rad nicht gehen.

Geh ich in mein Kämmerlein,
Will mein Bettlein machen,
Steht ein bucklicht Männlein da,
Fängt als an zu lachen.

Wenn ich an mein Bänklein knie,
Will ein bißlein beten,
Steht ein bucklicht Männlein da,
Fängt als an zu reden:

»Liebes Kindlein, ach, ich bitt,
Bet fürs bucklicht Männlein mit!«

## *Ammenuhr*

Der Mond, der scheint,
Das Kindlein weint,
Die Glock schlägt zwölf,
Daß Gott doch allen Kranken helf!

Gott alles weiß,
Das Mäuslein beißt,

Die Glock schlägt ein,
Der Traum spielt auf den Kissen dein.

Das Nönnchen läut
Zur Mettenzeit,
Die Glock schlägt zwei,
Sie gehn ins Chor in einer Reih.

Der Wind, der weht,
Der Hahn, der kräht,
Die Glock schlägt drei,
Der Fuhrmann hebt sich von der Streu.

Der Gaul, der scharrt,
Die Stalltür knarrt,
Die Glock schlägt vier,
Der Kutscher sieht den Haber schier.

Die Schwalbe lacht,
Die Sonn erwacht,
Die Glock schlägt fünf,
Der Wandrer macht sich auf die Strümpf.

Das Huhn gagackt,
Die Ente quackt,
Die Glock schlägt sechs,
Steh auf, steh auf, du faule Hex.

Zum Bäcker lauf,
Ein Wecklein kauf,
Die Glock schlägt sieben,
Die Milch tu an das Feuer schieben.

Tut Butter 'nein
Und Zucker fein,
Die Glock schlägt acht,
Geschwind dem Kind die Supp gebracht.

## *Abendgebet*

Abends, wenn ich schlafen geh,
Vierzehn Engel bei mir stehn,
Zwei zu meiner Rechten,
Zwei zu meiner Linken,
Zwei zu meinen Häupten,
Zwei zu meinen Füßen,
Zwei, die mich decken,
Zwei, die mich wecken,
Zwei, die mich weisen
In das himmlische Paradeischen.

## *Gute Nacht, mein Kind!*

Guten Abend, gute Nacht,
Mit Rosen bedacht,
Mit Näglein besteckt,
Schlupf unter die Deck;
Morgen früh, wenn's Gott will,
Wirst du wieder geweckt.

## BETTINE VON ARNIM

### *Seelied*

Es schien der Mond gar helle,
Die Sterne blinkten klar,
Es schliefen tief die Wellen,
Das Meer ganz stille war.
Ein Schifflein lag vor Anker,
Ein Schiffer trat herfür:
Ach, wenn doch all mein Leiden
Hier tief versunken wär.

Mein Schifflein liegt vor Anker,
Hat keine Ladung drin,
Ich lad ihm auf mein Leiden
Und laß es fahren hin.

Und als er sich entrissen
Die Schmerzen mit Gewalt,
Da war sein Herz zerrissen,
Sein Leben war erkalt'.

Die Leiden all schon schwimmen
Auf hohem Meere frei,
Da heben sie an zu singen
Eine finstre Melodei.

Wir haben festgesessen
In eines Mannes Brust,
Wo tapfer wir gestritten
Mit seines Lebens Lust.

Nun müssen wir hier irren
Im Schifflein hin und her:
Ein Sturm wird uns verschlingen,
Ein Ungeheuer im Meer.

Da mußten die Wellen erwachen
Bei diesem trüben Sang,
Verschlangen still den Nachen
Mit allem Leiden bang.

---

Eilt die Sonne nieder zu dem Abend,
Löscht das kühle Blau in Purpurgluten,
Dämmrungsruhe trinken alle Gipfel.

Jauchzt die Flut hernieder silberschäumend,
Wallt gelassen nach verbrauster Jugend,
Wiegt der Sterne Bild im Wogenspiegel.

Hängt der Adler, ruhend hoch in Lüften,
Unbeweglich wie in tiefem Schlummer;
Regt kein Zweig sich, schweigen alle Winde.

Lächelnd mühelos in Götterrhythmen,
Wie den Nebel Himmelsglanz durchschreitet,
Schreitet Helios schwebend über Fluren.

Feucht vom Zaubertau der heil'gen Lippen,
Strömt sein Lied den Geist von allen Geistern,
Strömt die Kraft von allen Kräften nieder

In der Zeiten Schicksalsmelodien,
Die harmonisch ineinander spielen
Wie in Blumen hell und dunkle Farben.

Und verjüngter Weisheit frische Gipfel,
Hebt er aus dem Chaos alter Lügen
Aufwärts zu dem Geist der Ideale.

Wiegt dann sanft die Blumen an dem Ufer,
Die sein Lied von süßem Schlummer weckte,
Wieder durch ein süßes Lied in Schlummer.

Hätt ich nicht gesehen und gestaunet,
Hätt ich nicht dem Göttlichen gelauschet,
Und ich säh den heil'gen Glanz der Blumen,

Säh des frühen Morgens Lebensfülle,
Die Natur wie neugeboren atmet,
Wüßt ich doch, es ist kein Traum gewesen.

[Aus: *»Die Günderrode«*.]

---

Auf diesem Hügel überseh ich meine Welt!
Hinab ins Tal, mit Rasen sanft begleitet,
Vom Weg durchzogen, der hinüber leitet,
Das weiße Haus inmitten aufgestellt,
Was ist's, worin sich hier der Sinn gefällt?

Auf diesem Hügel überseh ich meine Welt!
Erstieg ich auch der Länder steilste Höhen,
Von wo ich könnt die Schiffe fahren sehen
Und Städte fern und nah von Bergen stolz umstellt,
Nichts ist's, was mir den Blick gefesselt hält.

Auf diesem Hügel überseh ich meine Welt!
Und könnt ich Paradiese überschauen,

Ich sehnte mich zurück nach jenen Auen,
Wo Deines Daches Zinne meinem Blick sich stellt,
Denn der allein umgrenzet meine Welt.

[Aus: *»Goethes Briefwechsel mit einem Kinde« (1835), Abschnitt »In Goethes Garten«.*]

## LOUISE BRACHMANN

### *Das Hirtenmädchen*

Wohin im Hauch der Lüfte,
Ihr Wolken, so geschwind?
Hier wehn ja Blumendüfte,
In Blüten spielt der Wind.

Die Schäfchen gehn und weiden
In Blumen tief am Bach;
Ihr Wolken zieht den Freuden
Vergangner Stunden nach.

Wohl schönre Lenzgefilde
Erblickt ihr von der Höh?
Wie wird mir bei dem Bilde
So wohl und doch so weh!

Wollt ihr in jener Ferne
Den holden Fremdling sehn?
Der Augen lichte Sterne,
Die Mienen sanft und schön?

Ach Wolken, wie vermessen!
Das Schönste schaut ihr kühn!
Doch ich – ich will vergessen
Und still zur Heimat ziehn!

### *Versöhnung*

Die gekränkte Liebe
Weint im Kämmerlein
Sich die Augen trübe,
Schluchzt in sich hinein.

Und der wilde Knappe
Pocht an ihre Tür:
Draußen steht mein Rappe,
Reich die Handschuh mir!

Zaudernd mit dem Schritte,
Reicht sie abgewandt
Handschuh ihm zum Ritte;
Doch er faßt die Hand,

Zieht die Heißgeliebte
An die Lippen schnell,
Küßt ihr das getrübte
Auge wieder hell.

Und sein Rappe stampfet
Wohl die ganze Nacht,
Bis der Morgen dampfet
Und die Aue lacht.

## *Terzinen*

Was willst du doch mit fruchtlos heft'gen Tränen
  Bei andern, wenn gekränkt das Herz dir schlägt?
  Der Muse klag es! Heb zu ihr dein Sehnen!
Sie ist's, die ewig dich im Herzen trägt.
  Wenn jene staunend nur in's Aug dir sehen,
  Selbst nicht verstehn, was dich so tief bewegt,
Weil nie sie ganz dein tiefes Herz verstehen
  Und bald es lästig fühlen, Trost zu weihn,
  Führt diese liebend dich zu ihren Höhen,
Zu ihrem lichten, glanzumstrählten Hain.
  »Mein armes Kind«, so sagt sie, »hat das Leben
  Dich hart verletzt? Ich will dir Trost verleihn!
Hab ich dir nicht den weichen Sinn gegeben?
  Der Seele tiefes, glühendes Gefühl,
  Daß leicht verletzt die zarten Saiten beben
Wie an dem gottverliehnen Saitenspiel?
  Tief trinkt und ganz den Schmerzenkelch der Leiden,
  Wem der Empfindung Kraft vom Himmel fiel;
Doch auch empfänglich für des Himmels Freuden
  Macht diese Kraft, die schmerzlich leicht erbebt;
  Am Licht des Äthers darf der Blick sich weiden,
Wenn wieder stark der edle Geist sich hebt.
  In holder Kindlichkeit auf Lenzeshügeln
  Bleibt, wen des Liedes Jugendkraft belebt!
Am Quell, in dem sich Himmelsbilder spiegeln,
  Dort spiel! – Und winkt' auch einst des Grabes Flor,
  Kind des Gesangs! Noch auf Begeistrungsflügeln,
Schwingst du dich dann zum ew'gen Licht empor!«

## *Griechenlied*

Was flammt dort fern so blutigrot im Himmel?
Wär's Morgenrot? – Nein! blut'ger ist der Schein
Und heft'ger wogt die Glut im Volksgetümmel; –
O möcht es Morgenrot der Menschheit sein!

Die Flamme schlägt empor mit wildem Prasseln,
Zu übertönen der Gequälten Laut;
Dazwischen tönt der Ketten dumpfes Rasseln;
Ein Altar ist, ein schrecklicher, gebaut.

Sind wir denn wert, die Großen zu erheben,
Die herrlichen Hellenen, ruhmgeweiht?
Sie, deren hohes tatenreiches Leben
Zum Leistern ward für späte Folgezeit.

O steigt vom Himmel nieder, edle Schatten!
Kodrus, Epaminond', Pelopidas!
Wer nennt die Großen all? – Im Kampf ermatten
Seht Euer Volk! im Kampf mit Wut und Haß!

Wie todverachtend, schön dahin gesunken
Leonidas; – und wie mit heiterm Blick,
O Sokrates, den Giftkelch du getrunken –
Nehmt Euer Bild vor unserm Aug zurück!

Ja Heuchelei ist's, wenn bei toten Zeilen
Wir stehn, von der Hellenen Wert entzückt.
Wenn jetzt ihr Volk wir nicht zu retten eilen,
Auf ewig sei ihr Lichtglanz uns entrückt!

[Griechenland: *1821–1829 Freiheitskampf der Griechen gegen die Türkei; 1829 Griechenland unabhängig.* – Kodrus: *sagenhafter König von Athen.* – Epaminondas, Pelopidas: *thebanische Feldherren, siegten 371 v. Chr. entscheidend über Sparta.* – Leonidas: *König von Sparta, verteidigte 480 v.Chr. den Paß der Thermopylen gegen das Heer der Perser unter Xerxes.*]

## KAROLINE VON GÜNDERRODE

### *Die eine Klage*

Wer die tiefste aller Wunden
Hat in Geist und Sinn empfunden,
Bittrer Trennung Schmerz;
Wer geliebt, was er verloren,
Lassen muß, was er erkoren,
Das geliebte Herz,

Der versteht in Lust die Tränen
Und der Liebe ewig Sehnen
Eins in Zwei zu sein,
Eins im andern sich zu finden,
Daß der Zweiheit Grenzen schwinden
Und des Daseins Pein.

Wer so ganz in Herz und Sinnen
Konnt ein Wesen liebgewinnen,
O! den tröstet's nicht,
Daß für Freuden, die verloren,
Neue werden neu geboren:
Jene sind's doch nicht.

Das geliebte, süße Leben,
Dieses Nehmen und dies Geben,
Wort und Sinn und Blick,
Dieses Suchen und dies Finden,
Dieses Denken und Empfinden
Gibt kein Gott zurück.

## *Ägypten*

Blau ist meines Himmels Bogen,
Ist von Regen nie umzogen,
Ist von Wolken nicht umspielt,
Nie vom Abendtau gekühlt.

Meine Bäche fließen träge,
Oft verschlungen auf dem Wege
Von der durst'gen Steppen Sand
Bei des langen Mittags Brand.

Meine Sonn ein gierig Feuer,
Nie gedämpft durch Nebelschleier,
Dringt durch Mark mir und Gebein
In das tiefste Leben ein.

Schwer entschlummert sind die Kräfte,
Aufgezehrt die Lebenssäfte;
Eingelullt in Fiebertraum
Fühl ich noch mein Dasein kaum.

## *Der Nil*

Aber ich stürze von Bergen hernieder,
Wo mich der Regen des Himmels gekühlt,
Tränke erbarmend die lechzenden Brüder,
Daß sich ihr brennendes Bette erfüllt.

Jauchzend begrüßen mich alle die Quellen;
Kühlend umfange ich, Erde, auch dich;
Leben erschwellt mir die Tropfen, die Wellen,
Leben dir spendend umarme ich dich.

Teueres Land du! Gebärerin Erde!
Nimm nun den Sohn auch den liebenden auf,
Du, die in Klüften gebar mich und nährte,
Nimm jetzt, o Mutter! den Sehnenden auf.

## *Überall Liebe*

Kann ich im Herzen heiße Wünsche tragen?
Dabei des Lebens Blütenkränze sehn
Und unbekränzt daran vorüber gehn,
Und muß ich traurend nicht in mir verzagen?

Soll frevelnd ich dem liebsten Wunsch entsagen?
Soll mutig ich zum Schattenreiche gehn?
Um andre Freuden, andre Götter flehn,
Nach neuen Wonnen bei den Toten fragen?

Ich stieg hinab, doch auch in Plutons Reichen,
Im Schoß der Nächte, brennt der Liebe Glut,
Daß sehnend Schatten sich zu Schatten neigen.

Verloren ist, wen Liebe nicht beglücket,
Und stieg er auch hinab zur stygschen Flut,
Im Glanz der Himmel blieb er unentzücket.

## *Die Töne*

Ihr tiefen Seelen, die, im Stoff gefangen,
Nach Lebensodem, nach Befreiung ringt;
Wer löset eure Bande dem Verlangen,
Das gern melodisch aus der Stummheit dringt?
Wer, Töne, öffnet eurer Kerker Riegel?
Und wer entfesselt eure Ätherflügel?

Einst, da Gewalt den Widerstand berühret,
Zersprang der Töne alte Kerkernacht;
Im weiten Raume hier und dort verirret
Entflohen sie, der Stummheit nun erwacht,
Und sie durchwandelten den blauen Bogen
Und jauchzten in den Sturm der wilden Wogen.

Sie schlüpften flüsternd durch der Bäume Wipfel
Und hauchten aus der Nachtigallen Brust,
Mit mut'gen Strömen stürzten sie vom Gipfel
Der Felsen sich in wilder Freiheitslust.
Sie rauschten an der Menschen Ohr vorüber,
Er zog sie in sein Innerstes hinüber.

Und da er unterm Herzen sie getragen,
Heißt er sie wandlen auf der Lüfte Pfad
Und allen den verwandten Seelen sagen,
Wie liebend sie sein Geist gepfleget hat.
Harmonisch schweben sie aus ihrer Wiege
Und wandlen fort und tragen Menschenzüge.

### *Hochrot*

Du innig Rot,
Bis an den Tod
Soll meine Lieb Dir gleichen,
Soll nimmer bleichen,
Bis an den Tod,
Du glühend Rot,
Soll sie Dir gleichen.

### *Der Luftschiffer*

Gefahren bin ich in schwankendem Kahne
Auf dem blauligten Ozeane,
Der die leuchtenden Sterne umfließt,
Habe die himmlischen Mächte gegrüßt.
War in ihrer Betrachtung versunken,
Habe den ewigen Äther getrunken,
Habe dem Irdischen ganz mich entwandt,
Droben die Schriften der Sterne erkannt
Und in ihrem Kreisen und Drehen
Bildlich den heiligen Rhythmus gesehen,
Der gewaltig auch jeglichen Klang
Reißt zu des Wohllautes wogendem Drang.

Aber ach! es ziehet mich hernieder,
Nebel überschleiert meinen Blick,
Und der Erde Grenzen seh ich wieder,
Wolken treiben mich zurück.

Wehe! Das Gesetz der Schwere,
Es behauptet neu sein Recht,
Keiner darf sich ihm entziehen
Von dem irdischen Geschlecht.

## ERNST MORITZ ARNDT

### *Klage um den kleinen Jakob*

Wo ist der kleine Jakob geblieben?
Hatte die Kühe waldein getrieben,
Kam nimmer wieder,
Schwestern und Brüder

Gingen ihn suchen in'n Wald hinaus –
Kleiner Jakob, kleiner Jakob, komm zu Haus!

Wohin ist der kleine Jakob gegangen?
Es hat ihn ein Unterird'scher gefangen,
Muß unten wohnen,
Trägt goldne Kronen,
Gläserne Schuh, hat ein gläsern Haus.
Kleiner Jakob, kleiner Jakob, komm zu Haus!

Was macht der kleine Jakob da unten?
Streuet als Diener das Estrich mit bunten
Blumen und schenket
Wein ein und denket:
Wärst du wieder zum Wald hinaus!
Kleiner Jakob, kleiner Jakob, komm zu Haus!

So muß der kleine Jakob dort wohnen,
Helfen ihm nichts seine güldenen Kronen,
Schuhe und Kleider,
Weinet sich leider –
Ach! armer Jakob! – die Äuglein aus.
Kleiner Jakob, kleiner Jakob, komm zu Haus!

## *Gebet an die Liebe*

Blitzesschnelle, Adlerschwinge
Däucht der Liebe Macht geringe.
Süße Mutter aller Dinge,
Gerne trag ich deine Schuld,
Gerne will ich alles leiden,
Deine Schmerzen, deine Freuden,
Denn du mischest mild zu beiden
Unaussprechlich süße Huld.

## *Ballade*

Und die Sonne machte den weiten Ritt
Um die Welt,
Und die Sternlein sprachen: Wir reisen mit
Um die Welt;
Und die Sonne sie schalt sie: Ihr bleibt zu Haus,
Denn ich brenn euch die goldnen Äuglein aus
Bei dem feurigen Ritt um die Welt.

Und die Sternlein gingen zum lieben Mond
In der Nacht,
Und sie sprachen: Du, der auf den Wolken thront
In der Nacht,
Laß uns wandeln mit dir, denn dein milder Schein
Er verbrennet uns nimmer die Äugelein.
Und er nahm sie, Gesellen der Nacht.

Nun willkommen, Sternlein und lieber Mond,
In der Nacht,
Ihr verstehet, was still in den Herzen wohnt
In der Nacht.
Kommt und zündet die himmlischen Lichter an,
Daß ich lustig mitschwärmen und spielen kann
In den freundlichen Spielen der Nacht.

## *Klinglied*

Den tiefen Ernst des Lebens zu verkünden
Winkt, weist und spielt die Allmacht aus Geschichten.
Die Vorwelt einzig darf die Nachwelt richten,
Die Gegenwart tappt taumelnd fort mit Blinden.

Nie mag den Weg zum Sternenlande finden,
Wer nicht, wann Wolken sich für Donner dichten,
Auf Blitzen wagt dahin den Flug zu richten,
Wo Tod und Leben ineinander schwinden.

Drum strebe, Mut, zum alten Götterhügel,
Dem strahlenden der Sonnen, welche gingen,
Dem dämmernden der Sonnen, welche kommen.

Dort steht mein Bild im ungetrübten Spiegel,
Dort tragen mich der Muse Ätherschwingen
Empor ins Land der Tapfern und der Frommen.

## *Vaterlandslied*

Der Gott, der Eisen wachsen ließ,
Der wollte keine Knechte,
Drum gab er Säbel, Schwert und Spieß
Dem Mann in seine Rechte,
Drum gab er ihm den kühnen Mut,
Den Zorn der freien Rede,
Daß er bestände bis aufs Blut,
Bis in den Tod die Fehde.

So wollen wir, was Gott gewollt,
Mit rechter Treue halten
Und nimmer im Tyrannensold
Die Menschenschädel spalten.
Doch wer für Tand und Schande ficht,
Den hauen wir zu Scherben,
Der soll im deutschen Lande nicht
Mit deutschen Männern erben.

O Deutschland, heil'ges Vaterland!
O deutsche Lieb und Treue!
Du hohes Land! du schönes Land!
Dir schwören wir aufs neue:
Dem Buben und dem Knecht die Acht!
Der füttre Kräh'n und Raben!
So ziehn wir aus zur Hermannsschlacht
Und wollen Rache haben.

Laßt brausen, was nur brausen kann,
In hellen lichten Flammen!
Ihr Deutschen alle, Mann für Mann,
Fürs Vaterland zusammen!
Und hebt die Herzen himmelan!
Und himmelan die Hände!
Und rufet alle, Mann für Mann:
Die Knechtschaft hat ein Ende!

Laßt klingen, was nur klingen kann,
Die Trommeln und die Flöten!
Wir wollen heute Mann für Mann
Mit Blut das Eisen röten,
Mit Henkerblut, Franzosenblut –
O süßer Tag der Rache!
Das klinge allen Deutschen gut,
Das ist die große Sache.

Laßt wehen, was nur wehen kann,
Standarten wehn und Fahnen!
Wir wollen heut uns Mann für Mann
Zum Heldentode mahnen:
Auf! fliege, stolzes Siegspanier
Voran dem kühnen Reihen!

Wir siegen oder sterben hier
Den süßen Tod der Freien.

[im Tyrannensold: *im Dienst Napoleons.*]

## *Deutscher Trost*

Deutsches Herz, verzage nicht,
Tu, was dein Gewissen spricht,
Dieser Strahl des Himmelslichts,
Tue recht und fürchte nichts.

Baue nicht auf bunten Schein,
Lug und Trug ist dir zu fein,
Schlecht gerät dir List und Kunst,
Feinheit wird dir eitel Dunst.

Doch die Treue ehrenfest
Und die Liebe, die nicht läßt,
Einfalt, Demut, Redlichkeit
Stehn dir wohl, o Sohn vom Teut.

Wohl steht dir das grade Wort,
Wohl der Speer, der grade bohrt,
Wohl das Schwert, das offen ficht
Und von vorn die Brust durchsticht.

Laß den Welschen Meuchelei,
Du sei redlich, fromm und frei;
Laß den Welschen Sklavenzier,
Schlichte Treue sei mit dir.

Deutsche Freiheit, deutscher Gott,
Deutscher Glaube ohne Spott,

Deutsches Herz und deutscher Stahl
Sind vier Helden allzumal.

Diese stehn wie Felsenburg,
Diese fechten alles durch,
Diese halten tapfer aus
In Gefahr und Todesbraus.

Deutsches Herz, verzage nicht,
Tu, was dein Gewissen spricht,
Redlich folge seiner Spur,
Redlich hält es seinen Schwur.

## HEINRICH VON KLEIST

### *Der Engel am Grabe des Herrn*

Als still und kalt, mit sieben Todeswunden,
Der Herr in seinem Grabe lag; das Grab,
Als sollt es zehn lebend'ge Riesen fesseln,
In eine Felskluft schmetternd eingehauen;
Gewälzet, mit der Männer Kraft, verschloß
Ein Sandstein, der Bestechung taub, die Türe;
Rings war des Landvogts Siegel aufgedrückt:
Es hätte der Gedanke selber nicht
Der Höhle unbemerkt entschlüpfen können;
Und gleichwohl noch, als ob zu fürchten sei,
Es könn auch der Granitblock sich bekehren,
Ging eine Schar von Hütern auf und ab,

Und starrte nach des Siegels Bildern hin.
Da kamen, bei des Morgens Strahl,
Des ew'gen Glaubens voll, die drei Marien her,
Zu sehn, ob Jesus noch darinnen sei;
Denn Er, versprochen hatt er ihnen,
Er werd am dritten Tage auferstehn.
Da nun die Fraun, die gläubigen, sich nahten
Der Grabeshöhle: was erblickten sie?
Die Hüter, die das Grab bewachen sollten,
Gestürzt, das Angesicht in Staub,
Wie Tote, um den Felsen lagen sie;
Der Stein war weit hinweggewälzt vom Eingang;
Und auf dem Rande saß, das Flügelpaar noch regend,
Ein Engel, wie der Blitz erscheint,
Und sein Gewand so weiß wie junger Schnee.
Da stürzten sie, wie Leichen, selbst, getroffen,
Zu Boden hin und fühlten sich wie Staub
Und meinten, gleich im Glanze zu vergehn.
Doch er, er sprach, der Cherub: »Fürchtet nicht!
Ihr suchtet Jesum, den Gekreuzigten –
Der aber ist nicht hier, er ist erstanden:
Kommt her, und schaut die öde Stätte an.«
Und fuhr, als sie, mit hocherhobnen Händen,
Sprachlos die Grabesstätte leer erschaut,
In seiner hehren Milde also fort:
»Geht hin, ihr Fraun, und kündigt es nunmehr
Den Jüngern an, die er sich auserkoren,
Daß sie es allen Erdenvölkern lehren
Und tun also, wie er getan«: und schwand.

## *Germania an ihre Kinder*

§ 1

Die des Maines Regionen,
Die der Elbe heitre Aun,
Die der Donau Strand bewohnen,
Die das Odertal bebaun,
Aus des Rheines Laubensitzen,
Von dem duft'gen Mittelmeer,
Von der Riesenberge Spitzen,
Von der Ost und Nordsee her!

CHOR
Horchet! – Durch die Nacht, ihr Brüder,
Welch ein Donnerruf hernieder?
Stehst du auf, Germania?
Ist der Tag der Rache da?

§ 2

Deutsche, mut'ger Völkerreigen,
Meine Söhne, die, geküßt,
In den Schoß mir kletternd steigen,
Die mein Mutterarm umschließt,
Meines Busens Schutz und Schirmer,
Unbesiegtes Marsenblut,
Enkel der Kohortenstürmer,
Römerüberwinderbrut!

CHOR
Zu den Waffen! Zu den Waffen!
Was die Hände blindlings raffen!
Mit der Keule, mit dem Stab,
Strömt ins Tal der Schlacht hinab!

§ 3

Wie der Schnee aus Felsenrissen,
Wie, auf ew'ger Alpen Höhn,
Unter Frühlings heißen Küssen,
Siedend auf die Gletscher gehn,
Katarakten stürzen nieder,
Wald und Fels folgt ihrer Bahn,
Das Gebirg hallt donnernd wider,
Fluren sind ein Ozean!

CHOR
So verlaßt, voran der Kaiser,
Eure Hütten, eure Häuser;
Schäumt, ein uferloses Meer,
Über diese Franken her!

§ 4

Alle Plätze, Trift' und Stätten
Färbt mit ihren Knochen weiß;
Welchen Rab und Fuchs verschmähten,
Gebet ihn den Fischen preis;
Dämmt den Rhein mit ihren Leichen;
Laßt, gestäuft von ihrem Bein,
Schäumend um die Pfalz ihn weichen
Und ihn dann die Grenze sein!

CHOR
Eine Lustjagd, wie wenn Schützen
Auf die Spur dem Wolfe sitzen!
Schlagt ihn tot! Das Weltgericht
Fragt euch nach den Gründen nicht!

§ 5

Nicht die Flur ist's, die zertreten
Unter ihren Rossen sinkt,
Nicht der Mond, der, in den Städten,
Aus den öden Fenstern blinkt,
Nicht das Weib, das, mit Gewimmer,
Ihrem Todeskuß erliegt
Und zum Lohn, beim Morgenschimmer,
Auf den Schutt der Vorstadt fliegt!

CHOR
Euren Schlachtraub laßt euch schenken!
Wenige, die sein gedenken.
Höhrem, als der Erde Gut,
Schwillt die Seele, flammt das Blut!

§ 6

Gott und seine Stellvertreter
Und dein Nam, o Vaterland,
Freiheit, Stolz der bessern Väter,
Sprache, du, dein Zauberband,
Wissenschaft, du himmelferne,
Die dem deutschen Genius winkt,
Und der Pfad ins Reich der Sterne,
Welchen still sein Fittich schwingt!

CHOR
Eine Pyramide bauen
Laßt uns, in des Himmels Auen,
Krönen mit dem Gipfelstein:
Oder unser Grabmal sein!

## *Das letzte Lied*

*Nach dem Griechischen, aus dem Zeitalter Philipps von Mazedonien*

Fernab am Horizont, auf Felsenrissen,
Liegt der gewitterschwarze Krieg getürmt,
Die Blitze zucken schon, die ungewissen,
Der Wandrer sucht das Laubdach, das ihn schirmt.
Und wie ein Strom, geschwellt von Regengüssen,
Aus seines Ufers Bette heulend stürmt,
Kommt das Verderben, mit entbundnen Wogen,
Auf alles, was besteht, herangezogen.

Der alten Staaten graues Prachtgerüste
Sinkt donnernd ein, von ihm hinweggespült,
Wie, auf der Heide Grund, ein Wurmgeniste,
Von einem Knaben scharrend weggewühlt;
Und wo das Leben, um der Menschen Brüste,
In tausend Lichtern jauchzend hat gespielt,
Ist es so lautlos jetzt wie in den Reichen,
Durch die die Wellen des Kozytus schleichen.

Und ein Geschlecht, von düsterm Haar umflogen,
Tritt aus der Nacht, das keinen Namen führt,
Das, wie ein Hirngespinst der Mythologen,
Hervor aus der Erschlagnen Knochen stiert;
Das ist geboren nicht und nicht erzogen
Vom alten, das im deutschen Land regiert;
Das läßt in Tönen, wie der Nord an Strömen,
Wenn er im Schilfrohr seufzet, sich vernehmen.

Und du, o Lied, voll unnennbarer Wonnen,
Das das Gefühl so wunderbar erhebt,

Das, einer Himmelsurne wie entronnen,
Zu den entzückten Ohren niederschwebt,
Bei dessen Klang, empor ins Reich der Sonnen,
Von allen Banden frei die Seele strebt;
Dich trifft der Todespfeil; die Parzen winken,
Und stumm ins Grab mußt du daniedersinken.

Erschienen, festlich, in der Völker Reigen,
Wird dir kein Beifall mehr entgegen blühn,
Kein Herz dir klopfen, keine Brust dir steigen,
Dir keine Träne mehr zur Erde glühn,
Und nur wo einsam, unter Tannenzweigen,
Zu Leichensteinen stille Pfade fliehn,
Wird Wanderern, die bei den Toten leben,
Ein Schatten deiner Schön' entgegenschweben.

Und stärker rauscht der Sänger in die Saiten,
Der Töne ganze Macht lockt er hervor,
Er singt die Lust, für's Vaterland zu streiten,
Und machtlos schlägt sein Ruf an jedes Ohr, –
Und da sein Blick das Blutpanier der Zeiten
Stets weiter flattern sieht, von Tor zu Tor,
Schließt er sein Lied, er wünscht mit ihm zu enden
Und legt die Leier weinend aus den Händen.

[Philipp von Mazedonien: *gemeint ist Napoleon.* –
Kozytus: *Jammerstrom; Fluß in der Unterwelt.*]

## FRIEDRICH GOTTLOB WETZEL

### *Gottes Strom*

*(Nach dem Talmud)*

Hoch droben vier göttliche Tiere,
Die tragen des Ewigen Thron,
Der Adler samt dem Stiere,
Der Leu und Menschensohn,
Es trieft von den Tieren hochheilige Glut
Am Fuße des Throns zu kristallener Flut.

Und hinab nach den Welten allen
Mit feurigem Ungestüm
Die Fluten Gottes fallen,
Daß alle tränken aus Ihm,
Alle Morgen des Allerheiligsten Kraft
Aus dem Feuerstrom tausend Engel erschafft.

Sie spielen dem Herrn auf Saiten
Und singen ein neues Lied,
Ein süßes Räuchwerk bereiten,
Der Höchste hernieder sieht,
Am Abend sinken sie wieder hinab,
Vergehn in der Fluten feurigem Grab.

### *Salamander*

Willkommen unter meinem Dache,
Willkommen, Feuergeist!
Die halbe Nacht stand ich um deinetwillen Wache,

Nun hab ich dich, du Wunderdrache,
Und faß dich stark und dreist!

Mir, weiß ich, führst du keine Schätze,
Kein Gold und Silber zu;
Gemeinen Seelen stellt ihr solche Netze
Und treibet sie in wilder Hetze
Dem alten Abgrund zu.

Nein, Feuer bringst du mir von oben,
Wo herrscht ein ew'ger Tag.
So laß mich deine Kunst erproben,
Auf daß auch ich, wie ihr da droben,
Im Feuer leben mag.

Ich banne dich nach Geisterweise
Auf den geweihten Herd,
Du kommst mir nicht aus meinem Zauberkreise,
Bis du mit Himmels Trank und Speise
Mich übersatt genährt.

O küsse mich mit deinen Flammen,
Du Sohn des alten Lichts!
Wenn's wahr, daß wir von oben stammen,
Wohl, so gehören wir zusammen,
So trennt uns fürder nichts.

Durchfach und -glühe Mark und Beine
Inbrünstig ganz und gar,
Brenn tot die Schlacken, daß das Gold, das reine,
In seiner Herrlichkeit erscheine,
Wie es im Anfang war.

Wohlan! Wohlan! Die letzten Sterne blinken,
Nun fliegen wir hinauf,

Der Tag bricht an, die Nebel sinken,
Ihr Himmlischen, ich seh euch winken,
O nehmt mich freundlich auf!

## *Geisternähe*

*(Fragment)*

Nicht stumm, wie sie dem blöden Sinn sich zeigen,
Sind Felsen, Bäume, Quellen um dich her,
Drum scheue du des Orts geheimen Zeugen,
Denn keine Stätte ist von Geistern leer.
Es wird noch nach Jahrhunderten nicht schweigen,
Verborgne Greuel rügen streng und schwer
Und in unheimlich schreckenden Gesichten
Urenkeln noch die Missetat berichten.

Denn gleichwie Lettern dem Gedanken Leben
Noch bei den spätesten Geschlechten leihn,
So prägt den Dingen, die ihn still umgeben,
Der Mensch bedeutungsvoll sein Bildnis ein,
Und will ein Sturm sich wider ihn erheben,
Oft stellen sich geheime Boten ein.
Der tote Hausrat selbst muß sich beleben
Und seltne Töne ahndend von sich geben.

Nur Eine Hemisphär ist uns geblieben,
Die andre ist uns unbekanntes Land.
Doch oft umleuchtet uns ein Blitz von drüben,
Ergreift uns eine rätselhafte Hand,
Da ist ein andrer Haß – und ander Lieben
Und andrer Zungen seltsamer Verstand.
Hier bindet nicht des Raumes träge Schranke,
Und was du Zeit nennst, ist hier Ein Gedanke.

In ew'gem Wandel weben dort Gestalten,
Die ewig fern und unaussprechlich nah,
Entfliehn willst du und fühlst dich fest gehalten,
Und was dein Auge sonst verhüllt nur sah,
Es bricht der Wundergeist aus seinen Falten,
Du selber stehst vor deinen Augen da,
Doch eh du dich vom ersten Schreck besonnen,
Entflohn ist die Erscheinung und zerronnen.

### *Wanderers Tagereise*

Aus fernem Land kam ich gezogen,
Weit von des Aufgangs goldnem Strand,
Viel duldet ich auf Meereswogen
Und viel auf gottbesätem Land,
Ich sah der Nacht uralte Stätte
Und war im Haus der Morgenröte.

Und als im Reigen heil'ger Stunden
Wohl sieben lange Jahre flohn
Und alles, alles schien verschwunden,
Heimat und Weib und teurer Sohn,
Da führt mich eines Gottes Gnade
Zurück an's heimische Gestade.

Doch nicht vermag ich's zu erkennen,
Das herzgeliebte Vaterland,
Erst muß ein Himmlischer mir's nennen,
Der klagend mich am Ufer fand,
Er muß den Nebel erst zerstreuen,
Eh ich der Heimat mich kann freuen.

Da war der alte Lorbeer wieder,
Des ich als Kind mich schon gefreut,

Der Zeuge meiner ersten Lieder,
In dessen süßer Dunkelheit
Oft Himmelsjungfraun zu mir kamen
Und mich in ihre Arme nahmen.

Und dort vom väterlichen Herde
Stieg noch der liebe Rauch empor!
Ich warf mich auf die heil'ge Erde
Und küsse sie wie nie zuvor
Und eile nun zu meinen Hallen,
Dem edlen Weib an's Herz zu fallen.

Doch wie ich ruf und wie befehle,
Sie öffnen mir die Pforte nicht,
Von Fremden voll sind meine Säle,
Die werben um mein Augenlicht,
Ein treuer Hund nur kennt mich wieder
Und stirbt und schließt die Augenlider.

Sie fahn und binden mich mit Stricken,
Ein Turm faßt den verstoßnen Mann,
Wohin kein Strahl der Sonne blicken,
Kein Mond dem Armen leuchten kann.
Zuletzt erbarmen sich die Raben,
Mit Trank und Speise mich zu laben.

Getrost! Getrost, verlassne Seele!
Es wird der Kerker nicht dein Grab!
Bald steigt in deine Jammerhöhle
Der Freiheit güldner Tag hinab,
Die Mauer springt, die Ketten brechen,
Darein mich schlug die Hand der Frechen.

Und offen vor der Feinde Blicken
Führt mich ein Himmlischer heraus,

Es beut der Strom mir seinen Rücken,
Und ich begrüße froh mein Haus.
Der dunkle Zauber muß sich lösen,
Zerbrochen wird die Macht der Bösen.

Und Götter steigen aus der Wolke
Und salben feierlich aufs neu
Mein Haupt vor dem bestürzten Volke,
Daß ich ihr ew'ger König sei,
Das Eisen rostet in der Scheide,
Ich herrsch auf's neu in Fried und Freude.

## MAX VON SCHENKENDORF

### *An eine Orangenblüte*

Was willst du in den kalten Zonen,
O Blume, die aus Süden kam?
Auch ich muß in der Fremde wohnen
Voll Sehnsucht und voll Gram.

Und beide nur ein kläglich Leben,
Im Krankenhause, leben wir;
Was uns der Heimat Götter geben,
Wer nützt und liebt es hier?

Verschließe deine zarten Düfte,
Den Kelch von Wohlgerüchen schwer,
Und ströme nicht in Totengrüfte
Des höchstens Lebens Meer.

Auch sie, der unter milderm Himmel
Wohl manches kleine Lied entquoll,

Die Harfe schweigt im Kriegsgetümmel,
Sie klang so minnevoll.

Dort magst du wieder dich entfalten,
Wo deine warme Heimat blüht;
Dort, wo die stillen Zauber walten,
Sing ich ein neues Lied.

Und können wir es nicht erwerben,
Der höchsten Sehnsucht höchstes Ziel,
So laß uns welken, laß uns sterben
In schmerzlichem Gefühl.

### *Soldaten-Morgenlied*

Erhebt euch von der Erde,
Ihr Schläfer, aus der Ruh;
Schon wiehern uns die Pferde
Den guten Morgen zu.
Die lieben Waffen glänzen
So hell im Morgenrot,
Man träumt von Siegeskränzen,
Man denkt auch an den Tod.

Du reicher Gott in Gnaden,
Schau her vom blauen Zelt;
Du selbst hast uns geladen
In dieses Waffenfeld.
Laß uns vor dir bestehen
Und gib uns heute Sieg;
Die Christenbanner wehen,
Dein ist, o Herr! der Krieg.

Ein Morgen soll noch kommen,
Ein Morgen mild und klar;

Sein harren alle Frommen,
Ihn schaut der Engel Schar.
Bald scheint er sonder Hülle
Auf jeden deutschen Mann,
O brich, du Tag der Fülle,
Du Freiheitstag brich an.

Dann Klang von allen Türmen
Und Klang aus jeder Brust
Und Ruhe nach den Stürmen
Und Lieb und Lebenslust.
Es schallt auf allen Wegen
Dann frohes Siegsgeschrei –
Und wir, ihr wackern Degen,
Wir waren auch dabei!

## *Freiheit*

Freiheit, die ich meine,
Die mein Herz erfüllt,
Komm mit deinem Scheine,
Süßes Engelbild.

Magst du nie dich zeigen
Der bedrängten Welt?
Führest deinen Reigen
Nur am Sternenzelt?

Auch bei grünen Bäumen
In dem lust'gen Wald
Unter Blütenträumen
Ist dein Aufenthalt.

Ach! das ist ein Leben,
Wenn es weht und klingt,
Wenn dein stilles Weben
Wonnig uns durchdringt,

Wenn die Blätter rauschen
Süßen Freundesgruß,
Wenn wir Blicke tauschen,
Liebeswort und Kuß.

Aber immer weiter
Nimmt das Herz den Lauf,
Auf der Himmelsleiter
Steigt die Sehnsucht auf,

Aus den stillen Kreisen
Kommt mein Hirtenkind,
Will der Welt beweisen,
Was es denkt und minnt.

Blüht ihm doch ein Garten,
Reift ihm doch ein Feld
Auch in jener harten
Steinerbauten Welt.

Wo sich Gottes Flamme
In ein Herz gesenkt,
Das am alten Stamme
Treu und liebend hängt;

Wo sich Männer finden,
Die für Ehr und Recht
Mutig sich verbinden,
Weilt ein frei Geschlecht.

Hinter dunkeln Wällen
Hinter ehrnem Tor
Kann das Herz noch schwellen
Zu dem Licht empor,

Für die Kirchenhallen,
Für der Väter Gruft,
Für die Liebsten fallen,
Wenn die Freiheit ruft.

Das ist rechtes Glühen
Frisch und rosenrot:
Heldenwangen blühen
Schöner auf im Tod.

Wollest auf uns lenken
Gottes Lieb und Lust,
Wollest gern dich senken
In die deutsche Brust.

Freiheit, holdes Wesen,
Gläubig, kühn und zart,
Hast ja lang erlesen
Dir die deutsche Art.

## THEODOR KÖRNER

### *Der Morgenstern*

Stern der Liebe, Glanzgebilde,
Glühend wie die Himmelsbraut,

Wanderst durch die Lichtgefilde,
Kündend, daß der Morgen graut.

Freundlich kommst du angezogen,
Freundlich schwebst du himmelwärts,
Glitzernd durch des Äthers Wogen,
Strahlst du Hoffnung in das Herz.

Wie in schäumenden Pokalen
Traubenpurpur mutig schwellt,
So durchleuchten deine Strahlen
Die erwachte Frühlingswelt.

Wie im herrlichen Geschiebe
Sich des Goldes Pracht verschließt,
So erglänzt du, Stern der Liebe,
Der den Morgen still begrüßt.

Und es treibt dich nach den Sternen,
Hell im Dunkel zu erglühn.
Über Berge, über Fernen
Möcht ich einmal mit dir ziehn.

Faßt mich, faßt mich, heil'ge Strahlen,
Schlingt um mich das goldne Band,
Daß ich aus den Erdenqualen
Fliehe in ein glücklich Land!

Doch ich kann dich nicht erfassen,
Nicht erreichen; stehst so fern!
Kann ich von der Sehnsucht lassen?
Darf ich's, heil'ger Himmelsstern?

## *Mein Vaterland*

Wo ist des Sängers Vaterland?
Wo edler Geister Funken sprühten,
Wo Kränze für das Schöne blühten,
Wo starke Herzen freudig glühten,
Für alles Heilige entbrannt –
Da war mein Vaterland.

Wie heißt des Sängers Vaterland?
Jetzt über seiner Söhne Leichen,
Jetzt weint es unter fremden Streichen.
Sonst hieß es nur das Land der Eichen,
Das freie Land, das deutsche Land.
So hieß mein Vaterland.

Was weint des Sängers Vaterland?
Daß vor des Wütrichs Ungewittern
Die Fürsten seiner Völker zittern,
Daß ihre heil'gen Worte splittern
Und daß sein Ruf kein Hören fand.
Drum weint mein Vaterland.

Wem ruft des Sängers Vaterland?
Es ruft nach den verstummten Göttern
Mit der Verzweiflung Donnerwettern,
Nach seiner Freiheit, seinen Rettern,
Nach der Vergeltung Rächerhand.
Dem ruft mein Vaterland.

Was will des Sängers Vaterland?
Die Knechte will es niederschlagen,
Den Bluthund aus den Grenzen jagen
Und frei die freien Söhne tragen

Oder frei sie betten unterm Sand.
Das will mein Vaterland.

Und hofft des Sängers Vaterland?
Es hofft auf die gerechte Sache,
Hofft, daß sein treues Volk erwache,
Hofft auf des großen Gottes Rache
Und hat den Rächer nicht verkannt.
Drauf hofft mein Vaterland.

## *Moskau*

Wie wölben dort sich deiner Kirchen Bogen!
Wie schimmern der Paläste goldne Wände!
Es schwärmt der Blick, wohin ich ihn versende,
Von einer Pracht zur andern fortgeflogen.

Da wälzen sich auf einmal glühnde Wogen:
Es schleudern deiner Bürger eigne Hände
Aufs eigne Dach die sprühnden Fackelbrände;
Ein Feuerkreis hat prasselnd dich umzogen.

O, laß dich nur vom Aberwitz verdammen!
Ihr Kirchen, stürzt! Paläste, brecht zusammen!
Der Phönix Rußlands wirft sich in die Flammen.

Doch hochverklärt aus seinem Feuerkranze
Wird er erstehn im frischen Jugendglanze,
Und Sankt Georg schwingt siegend seine Lanze.

[Moskau: *Nach dem Brand von Moskau (September 1812) mußte Napoleon mit der »Großen Armee« (zu der viele Deutsche gehörten) den verlustreichen Rückzug antreten.*]

## *Lützows wilde Jagd*

Was glänzt dort vom Walde im Sonnenschein?
Hör's näher und näher brausen.
Es zieht sich herunter in düsteren Reih'n,
Und gellende Hörner schallen darein
Und erfüllen die Seele mit Grausen.
Und wenn ihr die schwarzen Gesellen fragt:
Das ist Lützows wilde, verwegene Jagd.

Was zieht dort rasch durch den finstern Wald
Und streift von Bergen zu Bergen?
Es legt sich in nächtlichen Hinterhalt;
Das Hurra jauchzt und die Büchse knallt,
Es fallen die fränkischen Schergen.
Und wenn ihr die schwarzen Jäger fragt:
Das ist Lützows wilde, verwegene Jagd.

Wo die Reben dort glühen, dort braust der Rhein.
Der Wütrich geborgen sich meinte;
Da naht es schnell mit Gewitterschein
Und wirft sich mit rüst'gen Armen hinein
Und springt ans Ufer der Feinde.
Und wenn ihr die schwarzen Schwimmer fragt:
Das ist Lützows wilde, verwegene Jagd.

Was braust dort im Tale die laute Schlacht,
Was schlagen die Schwerter zusammen?
Wildherzige Reiter schlagen die Schlacht,
Und der Funke der Freiheit ist glühend erwacht
Und lodert in blutigen Flammen.
Und wenn ihr die schwarzen Reiter fragt:
Das ist Lützows wilde, verwegene Jagd.

Wer scheidet dort röchelnd vom Sonnenlicht,
Unter winselnde Feinde gebettet?
Es zuckt der Tod auf dem Angesicht;
Doch die wackern Herzen erzittern nicht.
Das Vaterland ist ja gerettet!
Und wenn ihr die schwarzen Gefallnen fragt:
Das war Lützows wilde, verwegene Jagd.

Die wilde Jagd und die deutsche Jagd
Auf Henkersblut und Tyrannen!
Drum, die ihr uns liebt, nicht geweint und geklagt!
Das Land ist ja frei, und der Morgen tagt,
Wenn wir's auch nur sterbend gewannen.
Und von Enkeln zu Enkeln sei's nachgesagt:
Das war Lützows wilde, verwegene Jagd.

[Lützow: *Adolf Freiherr von L. (1782–1834), seit 1795 im preußischen Militärdienst, erhielt im Februar 1813 zu Beginn der Befreiungskriege die Erlaubnis, ein nichtpreußisches Freiwilligenkorps zu bilden, das nach seiner Montur »Schwarze Schar« genannt wurde. Es operierte im Rücken des Gegners, war militärisch aber ohne Bedeutung.*]

## ADELBERT VON CHAMISSO

Kann nicht reden, kann nicht schreiben,
Kann nicht sagen, wie mir ist.
Mir ist wohl und bang im Herzen,
Kann nicht ernst sein, kann nicht scherzen,
Kann nicht wissen, wie mir ist.

Mit der Arbeit will's nicht vorwärts.
Wie so leer es um mich ist!

Wie so voll ist's mir im Herzen!
Kann nicht ernst sein, kann nicht scherzen,
Kann nicht wissen, wie mir ist.

Kann nur fühlen, kann nicht wissen,
Kann nicht sagen, was es ist.
Könnt ich singen, süßes Leben,
Würden Töne Kunde geben,
Wie es mir im Herzen ist.

## *Die Müllerin*

Die Mühle, die dreht ihre Flügel,
Der Sturm, der sauset darin;
Und unter der Linde am Hügel,
Da weinet die Müllerin:

Laß sausen den Sturm und brausen,
Ich habe gebaut auf den Wind;
Ich habe gebaut auf Schwüre –
Da war ich ein törichtes Kind.

Noch hat mich der Wind nicht belogen,
Der Wind, der blieb mir treu;
Und bin ich verarmt und betrogen –
Die Schwüre, die waren nur Spreu.

Wo ist, der sie geschworen?
Der Wind nimmt die Klagen nur auf;
Er hat sich aufs Wandern verloren –
Es findet der Wind ihn nicht auf.

## *Der Müllerin Nachbar*

Die Mühle, die dreht ihre Flügel,
Der Wind, der sauset darin;
Ich wollte, ich wäre der Müller,
Von wegen der Müllerin.

Der Müller ist gestorben;
Gott schenk ihm die ewige Ruh!
Ich wollte, es holte der Henker
Den Flegel von Knecht noch dazu.

Am Sonntag in der Kirche,
Da glaubt ich, sie schiele nach mir;
Sie schielte an mir nur vorüber;
Der Knecht, der stand an der Tür.

Und als es ging zum Tanze,
Da kam sie eben mir recht;
Sie grüßte mich freundlich und fragte –
Und fragte mich gar nach dem Knecht.

Der Knecht, der Knecht! – Ich wollte...
Mir kocht in den Adern das Blut –
Ich wollte an ihm mich rächen,
Ich wollte, ich hätte den Mut.

Ich wollte... Nun, was weiß ich?
Ich weiß nicht, wo ich bin. –
Die Mühle, die dreht ihre Flügel,
Der Wind, der sauset darin.

## *Tragische Geschichte*

’s war einer, dem’s zu Herzen ging,
Daß ihm der Zopf so hinten hing,
Er wollt es anders haben.

So denkt er denn: Wie fang ich’s an?
Ich dreh mich um, so ist’s getan –
Der Zopf, der hängt ihm hinten.

Da hat er flink sich umgedreht,
Und wie es stund, es annoch steht –
Der Zopf, der hängt ihm hinten.

Da dreht er schnell sich anders ’rum,
’s wird aber noch nicht besser drum –
Der Zopf, der hängt ihm hinten.

Er dreht sich links, er dreht sich rechts,
Es tut nichts Gut’s, es tut nichts Schlecht’s –
Der Zopf, der hängt ihm hinten.

Er dreht sich wie ein Kreisel fort,
Es hilft zu nichts, in einem Wort –
Der Zopf, der hängt ihm hinten.

Und seht, er dreht sich immer noch
Und denkt: Es hilft am Ende doch –
Der Zopf, der hängt ihm hinten.

## *Die goldene Zeit*

Oh le bon siècle, mes frères,
Que le siècle où nous vivons!
*Armand Charlemagne*
*(Fliegendes Blatt)*

Füllt die Becher bis zum Rand,
Tut, ihr Freunde, mir Bescheid:
Das befreite Vaterland
Und die gute goldne Zeit!
Denn der Bürger denkt und glaubt,
Spricht und schreibt nun alles frei,
Was die hohe Polizei
Erst geprüft hat und erlaubt.

Du eröffnest mir den Mund,
Du geschwätz'ger Traubensaft,
Und die Wahrheit mach ich kund
Rücksichtslos mit freud'ger Kraft.
Steigt die Sonne, wird es Tag,
Sinkt sie unter, wird es Nacht.
Nehm vor Feuer sich in acht,
Wer sich nicht verbrennen mag.

Ungeschickt zum Löschen ist,
Wer da Öl gießt, wo es brennt;
Noch ist drum kein guter Christ,
Der zu Mahom sich bekennt.
Scheut die Eule gleich das Licht,
Fährt sich's doch vorm Winde gut,
Besser noch mit Wind und Flut,
Aber gegen beide nicht.

Wer nicht sehen kann, ist blind;
Wer auf Krücken geht, ist lahm;
Mancher redet in den Wind;
Mancher geht, so wie er kam.
Grünt die Erde weit und breit,
Glaube nicht den Frühling fern;
Rückwärts gehn die Krebse gern,
Aber vorwärts eilt die Zeit.

Zwar ist nicht das Dunkle klar,
Doch ist nicht, was gut ist, schlecht;
Denn, was wahr ist, bleibt doch wahr,
Und was recht ist, bleibt doch recht.
Goldes-Überfluß macht reich,
Aber Lumpen sind kein Geld.
Wer mit Steinen düngt sein Feld,
Macht gar einen dummen Streich.

An der Zeit ist nicht zu spät,
Doch Geschehnes ist geschehn,
Und wer Disteln hat gesät,
Wird nicht Weizen reifen sehn.
Gestern war's, nun ist es heut,
Morgen bringt auch seinen Lohn;
Kluge Leute wissen's schon,
Nur sind Narren nicht gescheut.

Und am besten weiß, wer klagt,
Wo ihn drückt der eigne Schuh;
Wer zuerst nur A gesagt,
Setzt vielleicht noch B hinzu;
Denn, wie Adam Riese spricht,
Zwei und zwei sind eben vier –
Gott! Wer pocht an unsre Tür?
Ihr, verratet mich nur nicht!

»Hebt auf das verruchte Nest;
Sie mißbrauchen die Geduld.
Setzt den Jakobiner fest!
Wir sind Zeugen seiner Schuld;
Er hat öffentlich gelehrt:
Zwei und zwei sind eben vier.« –
»Nein, ich sage« . . . »Fort mit dir,
Daß die Lehre keiner hört!«

[Die goldene Zeit: *Spottgedicht auf die Situation nach den Karlsbader Beschlüssen von 1819.* – Oh le bon siècle...: *Oh, was für ein ausgezeichnetes Jahrhundert, meine Brüder, ist das Jahrhundert, in dem wir leben!* – Armand Charlemagne: *franz. Roman- u. Lustspieldichter, 1753–1838.* – Mahom: *Mohammed (um 570–632), Stifter des Islam.*]

## *Nachtwächterlied*

Eteignons les lumières
Et rallumons le feu.
*Béranger*

Hört, ihr Herrn, und laßt euch sagen,
Was die Glocke hat geschlagen:
Geht nach Haus und wahrt das Licht,
Daß dem Staat kein Schaden geschicht.
Lobt die Jesuiten!

Hört, ihr Herrn, wir brauchen heute
Gute, nicht gelehrte Leute;
Seid ihr einmal doch gelehrt,
Sorgt, daß keiner es erfährt.
Lobt die Jesuiten!

Hört, ihr Herrn, so soll es werden:
Gott im Himmel, wir auf Erden,
Und der König absolut,

Wenn er unsern Willen tut.
Lobt die Jesuiten!

Seid, ihr Herrn, es wird euch frommen,
Von den gutgesinnten Frommen;
Blase jeder, was er kann,
Lichter aus und Feuer an.
Lobt die Jesuiten!

Feuer, ja, zu Gottes Ehren,
Um die Ketzer zu bekehren
Und die Philosophen auch,
Nach dem alten, guten Brauch.
Lobt die Jesuiten!

Hört, ihr Herrn, ihr seid geborgen,
Geht nach Haus, und ohne Sorgen
Schlaft die lange, liebe Nacht.
Denn wir halten gute Wacht.
Lobt die Jesuiten!

[Eteignons . . .: *Löscht das Licht und zündet Feuer an. So der Refrain von Pierre-Jean de Bérangers Gedicht »Les Missionaires«, 1819.*]

## *Das Schloß Boncourt*

Ich träum als Kind mich zurücke
Und schüttle mein greises Haupt;
Wie sucht ihr mich heim, ihr Bilder,
Die lang ich vergessen geglaubt?

Hoch ragt aus schatt'gen Gehegen
Ein schimmerndes Schloß hervor;
Ich kenne die Türme, die Zinnen,
Die steinerne Brücke, das Tor.

Es schauen vom Wappenschilde
Die Löwen so traulich mich an;
Ich grüße die alten Bekannten
Und eile den Burghof hinan.

Dort liegt die Sphinx am Brunnen,
Dort grünt der Feigenbaum,
Dort, hinter diesen Fenstern,
Verträumt ich den ersten Traum.

Ich tret in die Burgkapelle
Und suche des Ahnherrn Grab;
Dort ist's, dort hängt vom Pfeiler
Das alte Gewaffen herab.

Noch lesen umflort die Augen
Die Züge der Inschrift nicht,
Wie hell durch die bunten Scheiben
Das Licht darüber auch bricht.

So stehst du, o Schloß meiner Väter,
Mir treu und fest in dem Sinn
Und bist von der Erde verschwunden,
Der Pflug geht über dich hin.

Sei fruchtbar, o teurer Boden,
Ich segne dich mild und gerührt,
Und segn' ihn zwiefach, wer immer
Den Pflug nun über dich führt.

Ich aber will auf mich raffen,
Mein Saitenspiel in der Hand,
Die Weiten der Erde durchschweifen
Und singen von Land zu Land.

[Schloß Boncourt: *Geburtsstätte Chamissos in der Champagne, wurde 1793 versteigert und zum Abbruch freigegeben, als sich kein Käufer fand.*]

## *Geh du nur hin!*

Ich war auch jung und bin jetzt alt,
Der Tag ist heiß, der Abend kalt,
Geh du nur hin, geh du nur hin
Und schlag dir solches aus dem Sinn.

Du steigst hinauf, ich steig hinab,
Wer geht im Schritt, wer geht im Trab?
Sind dir die Blumen eben recht,
Sind doch sechs Bretter auch nicht schlecht.

## *Der Invalid im Irrenhaus*

Leipzig, Leipzig! arger Boden,
Schmach für Unbill schafftest du.
Freiheit! hieß es, vorwärts, vorwärts!
Trankst mein rotes Blut, wozu?

Freiheit! rief ich, vorwärts, vorwärts!
Was ein Tor nicht alles glaubt!
Und von schwerem Säbelstreiche
Ward gespalten mir das Haupt.

Und ich lag, und abwärts wälzte
Unheilschwanger sich die Schlacht;
Über mich und über Leichen
Sank die kalte, finstre Nacht.

Aufgewacht zu grausen Schmerzen,
Brennt die Wunde mehr und mehr;
Und ich liege hier gebunden,
Grimm'ge Wächter um mich her.

Schrei ich wütend noch nach Freiheit,
Nach dem bluterkauften Glück,
Peitscht der Wächter mit der Peitsche
Mich in schnöde Ruh zurück.

[Leipzig: *16.–19. 10. 1813 Völkerschlacht bei Leipzig. Niederlage Napoleons.* – Freiheit! ... vorwärts!: *Kampfruf des preußischen Feldmarschalls Blücher während der Befreiungskriege.*]

## *Der Soldat*

Es geht bei gedämpfter Trommel Klang,
Wie weit noch die Stätte! der Weg wie lang!
O, wär er zur Ruh und alles vorbei!
Ich glaub, es bricht mir das Herz entzwei!

Ich hab in der Welt nur ihn geliebt,
Nur ihn, dem jetzt man den Tod doch gibt.
Bei klingendem Spiele wird paradiert;
Dazu bin auch ich kommandiert.

Nun schaut er auf zum letztenmal
In Gottes Sonne freudigen Strahl;
Nun binden sie ihm die Augen zu –
Dir schenke Gott die ewige Ruh!

Es haben die Neun wohl angelegt;
Acht Kugeln haben vorbeigefegt.
Sie zitterten alle vor Jammer und Schmerz –
Ich aber, ich traf ihn mitten ins Herz.

## *Das Riesenspielzeug*

Burg Niedeck ist im Elsaß der Sage wohlbekannt,
Die Höhe, wo vorzeiten die Burg der Riesen stand;
Sie selbst ist nun verfallen, die Stätte wüst und leer;
Du fragest nach den Riesen, du findest sie nicht mehr.

Einst kam das Riesenfräulein aus jener Burg hervor,
Erging sich sonder Wartung und spielend vor dem Tor
Und stieg hinab den Abhang bis in das Tal hinein,
Neugierig zu erkunden, wie's unten möchte sein.

Mit wen'gen raschen Schritten durchkreuzte sie den Wald,
Erreichte gegen Haslach das Land der Menschen bald,
Und Städte dort und Dörfer und das bestellte Feld
Erschienen ihren Augen gar eine fremde Welt.

Wie jetzt zu ihren Füßen sie spähend niederschaut,
Bemerkt sie einen Bauer, der seinen Acker baut;
Es kriecht das kleine Wesen einher so sonderbar,
Es glitzert in der Sonne der Pflug so blank und klar.

»Ei! artig Spielding!« ruft sie, »das nehm ich mit nach Haus.«
Sie knieet nieder, spreitet behend ihr Tüchlein aus
Und feget mit den Händen, was da sich alles regt,
Zu Haufen in das Tüchlein, das sie zusammenschlägt,

Und eilt mit freud'gen Sprüngen – man weiß, wie Kinder sind –
Zur Burg hinan und suchet den Vater auf geschwind:
»Ei Vater, lieber Vater, ein Spielding wunderschön!
So Allerliebstes sah ich noch nie auf unsern Höhn.«

Der Alte saß am Tische und trank den kühlen Wein,
Er schaut sie an behaglich, er fragt das Töchterlein:
»Was Zappeliges bringst du in deinem Tuch herbei?
Du hüpfest ja vor Freuden; laß sehen, was es sei!«

Sie spreitet aus das Tüchlein und fängt behutsam an,
Den Bauer aufzustellen, den Pflug und das Gespann;
Wie alles auf dem Tische sie zierlich aufgebaut,
So klatscht sie in die Hände und springt und jubelt laut.

Der Alte wird gar ernsthaft und wiegt sein Haupt und spricht:
»Was hast du angerichtet? Das ist kein Spielzeug nicht!
Wo du es hergenommen, da trag es wieder hin!
Der Bauer ist kein Spielzeug, was kommt dir in den Sinn!

Sollst gleich und ohne Murren erfüllen mein Gebot;
Denn wäre nicht der Bauer, so hättest du kein Brot;
Es sprießt der Stamm der Riesen aus Bauernmark hervor;
Der Bauer ist kein Spielzeug, da sei uns Gott davor!«

Burg Niedeck ist im Elsaß der Sage wohl bekannt,
Die Höhe, wo vorzeiten die Burg der Riesen stand;
Sie selbst ist nun verfallen, die Stätte wüst und leer;
Und fragst du nach den Riesen, du findest sie nicht mehr.

## *Das Vermächtnis*

Ich bin schon alt, es mahnt der Zeiten Lauf
Mich oft an längst geschehene Geschichten,
Und die erzähl ich, horcht auch niemand auf.

So weiß ich aus der Chronik und Gedichten,
Wie bei der Pest es in Ferrara war,
Und will davon nur einen Zug berichten.

Es scheute wohl sich jeder vor Gefahr,
Den pesterkrankten Vater floh der Sohn,
Die Mutter selbst das Kind, das sie gebar.

Es war zu heißer Sommerzeit; geflohn
Von Freunden und Verwandten, weltverlassen
Lag Basso della Penna sterbend schon.

Sein Testament, das wollt er schreiben lassen;
Es ließ sich endlich ein Notar bewegen,
Das Dokument rechtskräftig zu verfassen.

Und er: »Ich will es ihnen auferlegen,
Ich meine, meinen Kindern, meinen Erben,
Anständig meine Fliegen zu verpflegen.«

Und der Notar: »Ihr lieget schon im Sterben;
Wie schickt sich's, Basso, daß Ihr Scherze treibt,
Anstatt um Euer Heil Euch zu bewerben.«

Drauf dieser: »Schreibt, wie ich Euch sage, schreibt!
Ihr seht mich ja verlassen von den Meinen,
Da noch dies Fliegenvolk mir treu verbleibt.

Nur treu aus Eigennutz, so mögt Ihr meinen;
Ich will's nicht untersuchen, will allein
Es wissen, daß die Treusten sie mir scheinen;

Bei Gott, ich muß und will erkenntlich sein!
Drum, schreibt es nieder, so wie ich Euch sage,
Denn wohlerwogen ist der Wille mein:

Alljährig sollen sie am Jakobstage
Aussetzen einen Scheffel reifer Feigen
Den Fliegen allzumal zum Festgelage.

Und sollten sie darin sich lässig zeigen,
Und unterblieb' es nur ein einzig Mal,
Fällt Hab und Gut dem Armenhaus zu eigen.«

Und noch geschieht es so, wie er befahl,
Und am bestimmten Tage zugemessen
Wird noch den Fliegen ihr bestimmtes Mahl.

Der Fliegen hat kein Erbe je vergessen.

## *Die Predigt des guten Briten*

*Wahre Anekdote*

Als Anno dreiundachtzig sich zum Krieg
Gerüstet Engeland und Niederland,
Ward beiderseits gebetet um den Sieg.

Ein ausgeschriebner Buß- und Bettag fand
In beiden Ländern statt, doch um acht Tage
Früher in Holland als in Engeland.

Hier stand ein Prediger vom alten Schlage,
Nach kräft'ger Predigt betend am Altar
Und führte vor dem Höchsten seine Klage:

»Du wirst dich noch erinnern, Herr, es war
Am letzten Sonntag, die Holländer brachten,
Wie heute wir, dir Bußgebete dar.

Wie Jakob einst den Bruder Esau, dachten
Sie uns um deinen Segen zu betrügen,
Wenn sie die ersten an dein Ohr sich machten.

Glaub ihnen nicht! Trau nicht den Winkelzügen
Der falschen Otterbrut; ihr gutes Recht
Und frommes Tun sind eitel, eitel Lügen!

Glaub uns und mir, ich bin dein treuer Knecht,
Ich habe mit der Lüge nichts zu schaffen;
Wir Engeländer sind ein fromm Geschlecht;

Sei du mit uns und segne unsre Waffen!«

## FRIEDRICH BARON DE LA MOTTE FOUQUÉ

### *Waldessprache*

Ein Flüstern, Rauschen, Klingen
Geht durch den Frühlingshain,
Fängt wie mit Liebesschlingen
Geist, Sinn und Leben ein.

Ein Chor von all den Zweigen
In süßer Harmonie,
Und doch jedwedes Neigen
In eigner Melodie.

Säng ich es nach, was leise
Solch stilles Leben spricht,
So schien' aus meiner Weise
Das ew'ge Liebeslicht.

Doch schon im leichten Wandeln
Zog das Geflüster fort;
Dumpf ist der Menschen Handeln,
Und tot der Sprache Wort.

## *Der Kirchhof*

Mild scheint Abendsonnenstrahl
Über stille Grüfte,
Durch den Strauch am Totenmal
Säuseln warme Lüfte.

Tod verschloß mit kalter Hand
Denen, die hier schlafen,
Frühlings mildes Zauberland
Und der Hoffnung Hafen.

Ihnen schien der Himmel hell
Durch entblühte Bäume,
Lächelten aus jedem Quell
Holde Lieblingsträume.

Nun in starrer, öder Nacht
Hält sie Tod gefangen;
Ach, er bleicht mit grauser Macht
Ihre kalten Wangen,

Welt zerbrach ihr armes Herz
Und der Täuschung Schimmer,
Doch betrogner Hoffnung Schmerz
Weckt die Schläfer nimmer.

Schwindet denn dahin in Luft,
Meine schönen Träume!
Ruhe wehn um meine Gruft
Einst des Kirchhofs Bäume.

### *Trost*

Wenn alles eben käme,
Wie du gewollt es hast,
Und Gott dir gar nichts nähme
Und gäb dir keine Last,
Wie wär's da um dein Sterben,
Du Menschenkind, bestellt?
Du müßtest fast verderben,
So lieb wär dir die Welt!

Nun fällt – eins nach dem andern –
Manch süßes Band dir ab,
Und heiter kannst du wandern
Gen Himmel durch das Grab.
Dein Zagen ist gebrochen,
Und deine Seele hofft; –
Dies ward schon oft gesprochen,
Doch spricht man's nie zu oft.

## OTTO HEINRICH GRAF VON LOEBEN

### *Süddduft*

Im Herzen wohnt ein unaufhörlich Sehnen,
Zu wogen in des Südens Farbentanze,
Berauscht im Blütenstaub der Pomeranze,
Hinwegzufliehn auf wollustvollen Tönen.

Wo fern die dunkeln Meeresstrudel dröhnen,
Zu baden am Gestad im Abendglanze,
Mit einem selbstgebrochnen Lorbeerkranze
Die heiße Stirn zu kühlen und zu krönen.

So ist in mir ein ewiges Erglühen
Nach einem Süd der Lieder und der Liebe,
Sanft badend in geheimnisvollen Wogen.

Es klingt vor mir ein nahnder Regenbogen,
Daß ich nicht immer so entfernet bliebe,
Kann hin und her auf ihm der Bote ziehen.

### *Abendröte*

Frieden auf der Erde wieder,
Webend über Wald und Au,
Und es äugelt auf uns nieder
Ein vertraulich Himmelblau.
In den Büschen alte Lieder,
Goldne Vögel, Lichtgefieder,
Blumen laben sich im Tau.

Ausgeblitzt hat nun das Toben,
Es zerreißt die Wetterwand,
Legt sich abgekühlt nach oben
Wie ein aufgeblühtes Land.
Blitze sind in Duft zerstoben,
Bilder in den Duft gewoben,
Abendröt' in Liebesbrand.

Jede Gegend schwimmt verklärter,
Jede Farbe zieht hinauf,
Das Vergangne wird uns werter,
Sel'ge Blicke gehen auf.
Mit dem goldnen Funkenbogen
Kommt die Jugend rückgezogen,
Oben sitzt der Engel drauf.

Badet euch in Abendröte,
Atmet diese Feuer ein,
Fern verdampfen unsre Nöte,
Und die Erde brennt im Schein.
Diese roten warmen Wogen
Sind der neue Regenbogen,
Und der Engel führt uns heim.

Treue Jünger, alte Brüder,
Strömet hin im Glorienschein!
Wachst und dämmert, Frühlingslieder,
In das Abendrot hinein!
Seht, das Flammenschwert sinkt nieder,
Mit entfaltetem Gefieder
Grüßt der Cherub: Ziehet ein!

Niederstürzt der alte Riese,
Muß uns heimwärts lassen ziehn,

Und zum alten Paradiese
Dürfen wir, zum Vater fliehn.
Lichtwärts nun, mein Leben, fließe,
Mische dich der ew'gen Süße,
Göttlich Feuer, laß mich glühn.

### *Preis des Flötenspiels*

Es ist ein Durst in Schwermut hinzuquellen,
Es ist ein selig lächelndes Erkranken,
Es ist ein Schwellen stiller Seufzerwellen,
Ein um sie Blühn in regen Anmutsranken,
Ein Eingewebtsein süßen Liebeszellen
Und Schlummern dort der zärtlichen Gedanken,
Wenn sich aus Wunden, Mundes Hauch erschlossen,
Das goldne Blut der Flöte hingegossen.

### *Der Lurleyfels*

Da wo der Mondschein blitzet
Um's höchste Felsgestein,
Das Zauberfräulein sitzet
Und schauet auf den Rhein.

Es schauet herüber, hinüber,
Es schauet hinab, hinauf,
Die Schifflein ziehn vorüber,
Lieb Knabe, sieh nicht auf!

Sie singt dir hold zum Ohre,
Sie blickt dich töricht an,
Sie ist die schöne Lore,
Sie hat dir's angetan.

Sie schaut wohl nach dem Rheine,
Als schaute sie nach dir,
Glaub's nicht, daß sie dich meine,
Sieh nicht, horch nicht nach ihr!

So blickt sie wohl nach allen
Mit ihrer Äuglein Glanz,
Läßt her die Locken wallen
Unter dem Perlenkranz.

Doch wogt in ihrem Blicke
Nur blauer Wellen Spiel,
Drum scheu die Wassertücke,
Denn Flut bleibt falsch und kühl.

## *Das Mittelalter*

Es träumte mir, ein Greis mit Silberhaaren
Entführte mich auf eines Schlosses Zinnen;
Mit Wonne noch bewegt es meine Sinnen,
Wie mir geschah, als wir da oben waren.

Ich sah die Schiff' und Wimpel unten fahren,
Durch offne Gauen edle Ströme rinnen;
Ich sah den Wäldern Jägernetz' entspinnen,
Ich sah am Quell die Hirsche bei den Aaren.

Viel Städte schaut ich, hoch und niedre Türme,
Den Blick umfing ein stolzes Wohlbehagen
Bei diesen Märkten, Straßen, Gärten, Toren.

Mit einmal tönt' es hohl, als ob man stürme;
Der Greis verschwand, ich hört ihn nur noch sagen:
»Dies war das Paradies, das ihr verloren.«

## *Claude Lorrain*

Aus stillem Grün, das kräftigend beschränket,
Bin ich in's leichte Blau hineingekommen,
Hat das Unendliche mich hingenommen,
Als sanftes Meer mich in sich selbst versenket.

Vom heitern Licht ist diese Flut getränket,
Ein Sonnenstrom kommt linde hergeschwommen,
Als wären sie zu luft'ger Flamm entglommen,
Glühn Wipfelsäulen, tempelgleich verschränket.

Doch ist der Seele sel'ger Traum erfüllet?
Nimmt oder gibt ihr Wehmut diese Bläue,
Die weit in's Grenzenlose sich verlieret?

Nie wird hier ganz von Flor die Fern enthüllet,
Doch dieser Duft um Well und Bergesreihe
Wird Flamme, die zum Flug die Schwinge rühret.

[Claude Lorrain: *franz. Maler, 1600–1682.]*

## *Der Melancholische*

Rette, rette mich, Gott!
Aus den Menschen
Zu Menschen heraus!
An Ein einsames,
Geselliges Herz!
Das menschlich schlage
Und es verstehe,
Wie Herzen schlagen
In Freud und in Schmerz.
In diesem Leben

Ist Grab,
Diese Menschen all,
Es hat sie der Tod,
Bunte Schattenlarven,
Er tanzt mit den Atemlosen,
Und die narrende Pfeife lockt sie,
Witze treiben sie
Und Possen,
Im nüchternen Wahnsinn,
So ohne Ruh
Und so verdrossen,
Und ich möchte die Trommel
Rühren dazu, daß in mir die Saiten
Nicht Wehmut klängen, nicht zerrissen.
Aber mische, Wehmut,
Sänftigend
Dem Zorne dich nur,
Wie dem Donner
Des tiefen Brunnens Widerhall!
Sei du mir Erquickung,
Sei du mein Reichtum!
Keine Wehmut kennen sie,
Von keiner Sehnsucht brennen sie,
Sie sind ein Jammer von Freude!

## JOSEPH FREIHERR VON EICHENDORFF

Nicht Träume sind's und leere Wahngesichte,
Was von dem Volk den Dichter unterscheidet.
Was er inbrünstig bildet, liebt und leidet,
Es ist des Lebens wahrhafte Geschichte.

Er fragt nicht viel, wie ihn die Menge richte,
Der eignen Ehr' nur in der Brust vereidet;
Denn wo begeistert er die Blicke weidet,
Grüßt ihn der Weltkreis mit verwandtem Lichte.

Die schöne Mutter, die ihn hat geboren,
Den Himmel liebt er, der ihn auserkoren,
Läßt beide Haupt und Brust sich heiter schmücken.

Die Menge selbst, die herbraust, ihn zu fragen
Nach seinem Recht, muß den Beglückten tragen,
Als Element ihm bietend ihren Rücken.

### *Der Jäger Abschied*

Wer hat dich, du schöner Wald,
Aufgebaut so hoch da droben?
Wohl den Meister will ich loben,
Solang noch mein' Stimm erschallt.
Lebe wohl,
Lebe wohl, du schöner Wald!

Tief die Welt verworren schallt,
Oben einsam Rehe grasen,
Und wir ziehen fort und blasen,
Daß es tausendfach verhallt:
Lebe wohl,
Lebe wohl, du schöner Wald!

Banner, der so kühle wallt!
Unter deinen grünen Wogen
Hast du treu uns auferzogen.
Frommer Sagen Aufenthalt!

Lebe wohl,
Lebe wohl, du schöner Wald!

Was wir still gelobt im Wald,
Wollen's draußen ehrlich halten,
Ewig bleiben treu die Alten:
Deutsch Panier, das rauschend wallt,
Lebe wohl,
Schirm dich Gott, du schöner Wald!

[Banner: *Eichendorff sagt statt »das« auch »der Banner«.* – Panier: *Banner.*]

## *Nachtfeier*

Decket Schlaf die weite Runde,
Muß ich oft am Fenster lauschen,
Wie die Ströme unten rauschen,
Räder sausen kühl im Grunde,
Und mir ist so wohl zur Stunde;
Denn hinab vom Felsenrande
Spür ich Freiheit, uralt Sehnen,
Fromm zerbrechend alle Bande,
Über Wälder, Strom und Lande
Keck die großen Flügel dehnen.

Was je Großes brach die Schranken,
Seh ich durch die Stille gehen,
Helden auf den Wolken stehen,
Ernsten Blickes, ohne Wanken,
Und es wollen die Gedanken
Mit den guten Alten hausen,
Sich in ihr Gespräch vermischen,
Das da kommt in Waldesbrausen.

Manchem füllt's die Brust mit Grausen,
Mich soll's laben und erfrischen!

Tag und Regung war entflohen,
Übern See nur kam Geläute
Durch die monderhellte Weite,
Und rings brannten auf den hohen
Alpen still die bleichen Lohen,
Ew'ge Wächter echter Weihe,
Als, erhoben vom Verderben
Und vom Jammer, da die Dreie
Einsam traten in das Freie,
Frei zu leben und zu sterben.

Und so wachen heute viele
Einsam über ihrem Kummer;
Unerquickt von falschem Schlummer,
Aus des Wechsels wildem Spiele
Schauend fromm nach einem Ziele.
Durch die öde, stumme Leere
Fühl ich mich euch still verbündet;
Ob der Tag das Recht verkehre,
Ewig strahlt der Stern der Ehre,
Kühn in heil'ger Nacht entzündet.

[die Dreie: *Freiheitskämpfer in Tirol (Andreas Hofer, Speckbacher, Haspinger) und in der Schweiz können gemeint sein (Rütlischwur Stauffachers, Walter Fürsts und Melchthals.*]

## *Lied*

In einem kühlen Grunde
Da geht ein Mühlenrad,
Mein Liebste ist verschwunden,
Die dort gewohnet hat.

Sie hat mir Treu versprochen,
Gab mir ein'n Ring dabei,
Sie hat die Treu gebrochen,
Mein Ringlein sprang entzwei.

Ich möcht als Spielmann reisen
Weit in die Welt hinaus
Und singen meine Weisen
Und gehn von Haus zu Haus.

Ich möcht als Reiter fliegen
Wohl in die blut'ge Schlacht,
Um stille Feuer liegen
Im Feld bei dunkler Nacht.

Hör ich das Mühlrad gehen:
Ich weiß nicht, was ich will,
Ich möcht am liebsten sterben,
Da wär's auf einmal still.

### *Aus: Der verliebte Reisende*

Wolken, wälderwärts gegangen,
Wolken, fliegend übers Haus,
Könnt ich an euch fest mich hangen,
Mit euch fliegen weit hinaus!

Taglang durch die Wälder schweif ich,
Voll Gedanken sitz ich still,
In die Saiten flüchtig greif ich,
Wieder dann auf einmal still.

Schöne, rührende Geschichten
Fallen ein mir, wo ich steh,

Lustig muß ich schreiben, dichten,
Ist mir selber gleich so weh.

Manches Lied, das ich geschrieben
Wohl vor manchem langen Jahr,
Da die Welt vom treuen Lieben
Schön mir überglänzet war;

Find ich's wieder jetzt voll Bangen,
Werd ich wunderbar gerührt,
Denn so lang ist das vergangen,
Was mich zu dem Lied verführt.

Diese Wolken ziehen weiter,
Alle Vögel sind erweckt,
Und die Gegend glänzet heiter,
Weit und fröhlich aufgedeckt.

Regen flüchtig abwärts gehen,
Scheint die Sonne zwischendrein,
Und dein Haus, dein Garten stehen
Überm Wald im stillen Schein.

Doch du harrst nicht mehr mit Schmerzen,
Wo so lang dein Liebster sei –
Und mich tötet noch im Herzen
Dieser Schmerzen Zauberei.

---

## *Abschied*

O Täler weit, o Höhen,
O schöner, grüner Wald,
Du meiner Lust und Wehen
Andächt'ger Aufenthalt!

Da draußen, stets betrogen,
Saust die geschäft'ge Welt,
Schlag noch einmal die Bogen
Und mich, du grünes Zelt!

Wenn es beginnt zu tagen,
Die Erde dampft und blinkt,
Die Vögel lustig schlagen,
Daß dir dein Herz erklingt:
Da mag vergehn, verwehen
Das trübe Erdenleid,
Da sollst du auferstehen
In junger Herrlichkeit!

Da steht im Wald geschrieben
Ein stilles, ernstes Wort
Von rechtem Tun und Lieben,
Und was des Menschen Hort.
Ich habe treu gelesen
Die Worte schlicht und wahr,
Und durch mein ganzes Wesen
Ward's unaussprechlich klar.

Bald werd ich dich verlassen,
Fremd in der Fremde gehn,
Auf buntbewegten Gassen
Des Lebens Schauspiel sehn;
Und mitten in dem Leben
Wird deines Ernsts Gewalt
Mich Einsamen erheben,
So wird mein Herz nicht alt.

## *Zwielicht*

Dämmrung will die Flügel spreiten,
Schaurig rühren sich die Bäume,
Wolken ziehn wie schwere Träume –
Was will dieses Graun bedeuten?

Hast ein Reh du, lieb vor andern,
Laß es nicht alleine grasen,
Jäger ziehn im Wald und blasen,
Stimmen hin und wieder wandern.

Hast du einen Freund hienieden,
Trau ihm nicht zu dieser Stunde,
Freundlich wohl mit Aug und Munde,
Sinnt er Krieg mit tückschen Frieden.

Was heut müde gehet unter,
Hebt sich morgen neugeboren.
Manches bleibt in Nacht verloren –
Hüte dich, bleib wach und munter!

## *Auf einer Burg*

Eingeschlafen auf der Lauer
Oben ist der alte Ritter;
Drüber gehen Regenschauer,
Und der Wald rauscht durch das Gitter.

Eingewachsen Bart und Haare
Und versteinert Brust und Krause,
Sitzt er viele hundert Jahre
Oben in der stillen Klause.

Draußen ist es still und friedlich,
Alle sind ins Tal gezogen,
Waldesvögel einsam singen
In den leeren Fensterbogen.

Eine Hochzeit fährt da unten
Auf dem Rhein im Sonnenscheine,
Musikanten spielen munter,
Und die schöne Braut die weinet.

## *Nachtwanderer*

Er reitet nachts auf einem braunen Roß,
Er reitet vorüber an manchem Schloß:
Schlaf droben, mein Kind, bis der Tag erscheint,
Die finstre Nacht ist des Menschen Feind!

Er reitet vorüber an einem Teich,
Da stehet ein schönes Mädchen bleich
Und singt, ihr Hemdlein flattert im Wind:
Vorüber, vorüber, mir graut vor dem Kind!

Er reitet vorüber an einem Fluß,
Da ruft ihm der Wassermann seinen Gruß,
Taucht wieder unter dann mit Gesaus,
Und stille wird's über dem kühlen Haus.

Wann Tag und Nacht in verworrenem Streit,
Schon Hähne krähen in Dörfern weit,
Da schauert sein Roß und wühlet hinab,
Scharret ihm schnaubend sein eigenes Grab.

## *Waffenstillstand der Nacht*

Windsgleich kommt der wilde Krieg geritten,
Durch das Grün der Tod ihm nachgeschritten,
Manch Gespenst steht sinnend auf dem Feld,
Und der Sommer schüttelt sich vor Grausen,
Läßt die Blätter, schließt die grünen Klausen,
Ab sich wendend von der blut'gen Welt.

Prächtig war die Nacht nun aufgegangen,
Hatte alle mütterlich umfangen,
Freund und Feind mit leisem Friedenskuß,
Und, als wollt der Herr vom Himmel steigen,
Hört ich wieder durch das tiefe Schweigen
Rings der Wälder feierlichen Gruß.

## *Frische Fahrt*

Laue Luft kommt blau geflossen,
Frühling, Frühling soll es sein!
Waldwärts Hörnerklang geschossen,
Mut'ger Augen lichter Schein;
Und das Wirren bunt und bunter
Wird ein magisch wilder Fluß,
In die schöne Welt hinunter
Lockt dich dieses Stromes Gruß.

Und ich mag mich nicht bewahren!
Weit von euch treibt mich der Wind,
Auf dem Strome will ich fahren,
Von dem Glanze selig blind!
Tausend Stimmen lockend schlagen,
Hoch Aurora flammend weht,

Fahre zu! Ich mag nicht fragen,
Wo die Fahrt zu Ende geht!

[Aurora: *die Morgenröte.*]

### *Die Stille*

Es weiß und rät es doch keiner,
Wie mir so wohl ist, so wohl!
Ach, wüßt es nur Einer, nur Einer,
Kein Mensch es sonst wissen soll!

So still ist's nicht draußen im Schnee,
So stumm und verschwiegen sind
Die Sterne nicht in der Höhe,
Als meine Gedanken sind.

Ich wünscht, es wäre schon Morgen,
Da fliegen zwei Lerchen auf,
Die überfliegen einander,
Mein Herze folgt ihrem Lauf.

Ich wünscht, ich wäre ein Vöglein
Und zöge über das Meer,
Wohl über das Meer und weiter,
Bis daß ich im Himmel wär!

### *Der frohe Wandersmann*

Wem Gott will rechte Gunst erweisen,
Den schickt er in die weite Welt,
Dem will er seine Wunder weisen
In Berg und Wald und Strom und Feld.

Die Trägen, die zu Hause liegen,
Erquicket nicht das Morgenrot,
Sie wissen nur von Kinderwiegen,
Von Sorgen, Last und Not um Brot.

Die Bächlein von den Bergen springen,
Die Lerchen schwirren hoch vor Lust,
Was sollt ich nicht mit ihnen singen
Aus voller Kehl und frischer Brust?

Den lieben Gott laß ich nur walten;
Der Bächlein, Lerchen, Wald und Feld
Und Erd und Himmel will erhalten,
Hat auch mein Sach aufs best bestellt!

## *Der Gärtner*

Wohin ich geh und schaue,
In Feld und Wald und Tal,
Vom Berg hinab in die Aue:
Viel schöne, hohe Fraue,
Grüß ich Dich tausendmal.

In meinem Garten find ich
Viel Blumen, schön und fein,
Viel Kränze wohl draus wind ich
Und tausend Gedanken bind ich
Und Grüße mit darein.

Ihr darf ich keinen reichen,
Sie ist zu hoch und schön,
Die müssen alle verbleichen,
Die Liebe nur ohnegleichen
Bleibt ewig im Herzen stehn.

Ich schein wohl froher Dinge
Und schaffe auf und ab,
Und, ob das Herz zerspringe,
Ich grabe fort und singe
Und grab mir bald mein Grab.

## *Frühlingsfahrt*

Es zogen zwei rüst'ge Gesellen
Zum ersten Mal von Haus
So jubelnd recht in die hellen,
Klingenden, singenden Wellen
Des vollen Frühlings hinaus.

Die strebten nach hohen Dingen,
Die wollten, trotz Lust und Schmerz,
Was Recht's in der Welt vollbringen,
Und wem sie vorüber gingen,
Dem lachten Sinnen und Herz.

Der erste, der fand ein Liebchen,
Der Schwieger kauft' Hof und Haus;
Der wiegte gar bald ein Bübchen
Und sah aus heimlichen Stübchen
Behaglich ins Feld hinaus.

Dem zweiten sangen und logen
Die tausend Stimmen im Grund,
Verlockend' Sirenen, und zogen
Ihn in der buhlenden Wogen
Farbig klingenden Schlund.

Und wie er auftaucht' vom Schlunde,
Da war er müde und alt,

Sein Schifflein, das lag im Grunde,
So still war's rings in die Runde,
Und über die Wasser weht's kalt.

Es singen und klingen die Wellen
Des Frühlings wohl über mir;
Und seh ich so kecke Gesellen,
Die Tränen im Auge mir schwellen –
Ach Gott, führ uns liebreich zu Dir!

### *Heimweh*

Wer in die Fremde will wandern,
Der muß mit der Liebsten gehn,
Es jubeln und lassen die andern
Den Fremden alleine stehn.

Was wisset ihr, dunkele Wipfeln,
Von der alten, schönen Zeit?
Ach, die Heimat hinter den Gipfeln,
Wie liegt sie von hier so weit!

Am liebsten betracht ich die Sterne,
Die schienen, wenn ich ging zu ihr,
Die Nachtigall hör ich so gerne,
Sie sang vor der Liebsten Tür.

Der Morgen, das ist meine Freude!
Da steig ich in stiller Stund
Auf den höchsten Berg in die Weite,
Grüß dich, Deutschland, aus Herzensgrund!

## *Abend*

Schweigt der Menschen laute Lust:
Rauscht die Erde wie in Träumen
Wunderbar mit allen Bäumen,
Was dem Herzen kaum bewußt,
Alte Zeiten, linde Trauer,
Und es schweifen leise Schauer
Wetterleuchtend durch die Brust.

## *Nachts*

Ich wandre durch die stille Nacht,
Da schleicht der Mond so heimlich sacht
Oft aus der dunklen Wolkenhülle,
Und hin und her im Tal
Erwacht die Nachtigall,
Dann wieder alles grau und stille.

O wunderbarer Nachtgesang:
Von fern im Land der Ströme Gang,
Leis Schauern in den dunklen Bäumen –
Wirrst die Gedanken mir,
Mein irres Singen hier
Ist wie ein Rufen nur aus Träumen.

---

Es wandelt, was wir schauen,
Tag sinkt ins Abendrot,
Die Lust hat eignes Grauen,
Und alles hat den Tod.

Ins Leben schleicht das Leiden
Sich heimlich wie ein Dieb,
Wir alle müssen scheiden
Von allem, was uns lieb.

Was gäb es doch auf Erden,
Wer hielt' den Jammer aus,
Wer möcht geboren werden,
Hielt'st Du nicht droben haus!

Du bist's, der, was wir bauen,
Mild über uns zerbricht,
Daß wir den Himmel schauen –
Darum so klag ich nicht.

## *Nacht*

Wie schön, hier zu verträumen
Die Nacht im stillen Wald,
Wenn in den dunklen Bäumen
Das alte Märchen hallt.

Die Berg' im Mondesschimmer
Wie in Gedanken stehn,
Und durch verworrne Trümmer
Die Quellen klagend gehn.

Denn müd ging auf den Matten
Die Schönheit nun zur Ruh,
Es deckt mit kühlen Schatten
Die Nacht das Liebchen zu.

Das ist das irre Klagen
In stiller Waldespracht,

Die Nachtigallen schlagen
Von ihr die ganze Nacht.

Die Stern gehn auf und nieder –
Wann kommst du, Morgenwind,
Und hebst die Schatten wieder
Von dem verträumten Kind?

Schon rührt sich's in den Bäumen,
Die Lerche weckt sie bald –
So will ich treu verträumen
Die Nacht im stillen Wald.

## *Morgengebet*

O wunderbares, tiefes Schweigen,
Wie einsam ist's noch auf der Welt!
Die Wälder nur sich leise neigen,
Als ging der Herr durchs stille Feld.

Ich fühl mich recht wie neu geschaffen,
Wo ist die Sorge nun und Not?
Was mich noch gestern wollt erschlaffen,
Ich schäm mich des im Morgenrot.

Die Welt mit ihrem Gram und Glücke
Will ich, ein Pilger frohbereit,
Betreten nur wie eine Brücke
Zu dir, Herr, übern Strom der Zeit.

Und buhlt mein Lied, auf Weltgunst lauernd,
Um schnöden Sold der Eitelkeit:
Zerschlag mein Saitenspiel! und schauernd
Schweig ich vor dir in Ewigkeit.

## *Sehnsucht*

Es schienen so golden die Sterne,
Am Fenster ich einsam stand
Und hörte aus weiter Ferne
Ein Posthorn im stillen Land.
Das Herz mir im Leib entbrennte,
Da hab ich mir heimlich gedacht:
Ach, wer da mitreisen könnte
In der prächtigen Sommernacht!

Zwei junge Gesellen gingen
Vorüber am Bergeshang,
Ich hörte im Wandern sie singen
Die stille Gegend entlang:
Von schwindelnden Felsenschlüften,
Wo die Wälder rauschen so sacht,
Von Quellen, die von den Klüften
Sich stürzen in die Waldesnacht.

Sie sangen von Marmorbildern,
Von Gärten, die überm Gestein
In dämmernden Lauben verwildern,
Palästen im Mondenschein,
Wo die Mädchen am Fenster lauschen,
Wann der Lauten Klang erwacht
Und die Brunnen verschlafen rauschen
In der prächtigen Sommernacht. –

## *Schöne Fremde*

Es rauschen die Wipfel und schauern,
Als machten zu dieser Stund
Um die halbversunkenen Mauern
Die alten Götter die Rund.

Hier hinter den Myrtenbäumen
In heimlich dämmernder Pracht,
Was sprichst du wirr wie in Träumen
Zu mir, phantastische Nacht?

Es funkeln auf mich alle Sterne
Mit glühendem Liebesblick,
Es redet trunken die Ferne
Wie von künftigem, großem Glück!

## *Lockung*

Hörst du nicht die Bäume rauschen
Draußen durch die stille Rund?
Lockt's dich nicht, hinabzulauschen
Von dem Söller in den Grund,
Wo die vielen Bäche gehen
Wunderbar im Mondenschein
Und die stillen Schlösser sehen
In den Fluß vom hohen Stein?

Kennst du noch die irren Lieder
Aus der alten schönen Zeit?
Sie erwachen alle wieder
Nachts in Waldeseinsamkeit,
Wenn die Bäume träumend lauschen
Und der Flieder duftet schwül
Und im Fluß die Nixen rauschen –
Komm herab, hier ist's so kühl.

## *Wünschelrute*

Schläft ein Lied in allen Dingen,
Die da träumen fort und fort,
Und die Welt hebt an zu singen,
Triffst du nur das Zauberwort.

## *Mondnacht*

Es war, als hätt der Himmel
Die Erde still geküßt,
Daß sie im Blütenschimmer
Von ihm nun träumen müßt.

Die Luft ging durch die Felder,
Die Ähren wogten sacht,
Es rauschten leis die Wälder,
So sternklar war die Nacht.

Und meine Seele spannte
Weit ihre Flügel aus,
Flog durch die stillen Lande,
Als flöge sie nach Haus.

## *Meeresstille*

Ich seh von des Schiffes Rande
Tief in die Flut hinein:
Gebirge und grüne Lande
Und Trümmer im falben Schein
Und zackige Türme im Grunde,
Wie ich's oft im Traum mir gedacht,

Das dämmert alles da unten
Als wie eine prächtige Nacht.

Seekönig auf seiner Warte
Sitzt in der Dämmrung tief,
Als ob er mit langem Barte
Über seiner Harfe schlief;
Da kommen und gehen die Schiffe
Darüber, er merkt es kaum,
Von seinem Korallenriffe
Grüßt er sie wie im Traum.

## *Umkehr*

Leben kann man nicht von Tönen,
  Poesie geht ohne Schuh,
Und so wandt ich denn der Schönen
  Endlich auch den Rücken zu.

Lange durch die Welt getrieben
  Hat mich nun die irre Hast,
Immer doch bin ich geblieben
  Nur ein ungeschickter Gast.

Überall zu spät zum Schmause
  Kam ich, wenn die andern voll,
Trank die Neigen vor dem Hause,
  Wußt nicht, wem ich's trinken soll.

Mußt mich vor Fortuna bücken
  Ehrfurchtsvoll bis auf die Zeh'n,
Vornehm wandt sie mir den Rücken,
  Ließ mich so gebogen stehn.

Und als ich mich aufgerichtet
Wieder frisch und frei und stolz,
Sah ich Berg' und Tal gelichtet,
Blühen jedes dürre Holz.

Welt hat eine plumpe Pfote,
Wandern kann man ohne Schuh –
Deck mit Deinem Morgenrote
Wieder nur den Wandrer zu!

[Fortuna: *Glücksgöttin; Göttin, die auch wankelmütig Glück und Unglück schenken kann.*]

### *Im Abendrot*

Wir sind durch Not und Freude
Gegangen Hand in Hand,
Vom Wandern ruhn wir beide
Nun überm stillen Land.

Rings sich die Täler neigen,
Es dunkelt schon die Luft,
Zwei Lerchen nur noch steigen
Nachträumend in den Duft.

Tritt her und laß sie schwirren,
Bald ist es Schlafenszeit,
Daß wir uns nicht verirren
In dieser Einsamkeit.

O weiter, stiller Friede!
So tief im Abendrot
Wie sind wir wandermüde –
Ist das etwa der Tod?

## WILHELM MÜLLER

### *Wanderschaft*

Das Wandern ist des Müllers Lust,
    Das Wandern!
Das muß ein schlechter Müller sein,
Dem niemals fiel das Wandern ein,
    Das Wandern.

Vom Wasser haben wir's gelernt,
    Vom Wasser!
Das hat nicht Rast bei Tag und Nacht,
Ist stets auf Wanderschaft bedacht,
    Das Wasser.

Das sehn wir auch den Rädern ab,
    Den Rädern!
Die gar nicht gerne stille stehn,
Die sich mein Tag nicht müde drehn,
    Die Räder.

Die Steine selbst, so schwer sie sind,
    Die Steine!
Sie tanzen mit den muntern Reihn
Und wollen gar noch schneller sein,
    Die Steine.

O Wandern, Wandern, meine Lust,
    O Wandern!
Herr Meister und Frau Meisterin,
Laßt mich in Frieden weiter ziehn
    Und wandern.

*Wohin?*

Ich hört ein Bächlein rauschen
Wohl aus dem Felsenquell,
Hinab zum Tale rauschen
So frisch und wunderhell.

Ich weiß nicht, wie mir wurde,
Nicht, wer den Rat mir gab,
Ich mußte gleich hinunter
Mit meinem Wanderstab.

Hinunter und immer weiter
Und immer dem Bache nach,
Und immer frischer rauschte
Und immer heller der Bach.

Ist das denn meine Straße?
O Bächlein, sprich, wohin?
Du hast mit deinem Rauschen
Mir ganz berauscht den Sinn.

Was sag ich denn von Rauschen?
Das kann kein Rauschen sein:
Es singen wohl die Nixen
Dort unten ihren Reihn.

Laß singen, Gesell, laß rauschen,
Und wandre fröhlich nach!
Es gehn ja Mühlenräder
In jedem klaren Bach.

## *Tränenregen*

Wir saßen so traulich beisammen
Im kühlen Erlendach,
Wir schauten so traulich zusammen
Hinab in den rieselnden Bach.

Der Mond war auch gekommen,
Die Sternlein hinterdrein,
Und schauten so traulich zusammen
In den silbernen Spiegel hinein.

Ich sah nach keinem Monde,
Nach keinem Sternenschein,
Ich schaute nach ihrem Bilde,
Nach ihren Augen allein.

Und sahe sie nicken und blicken
Herauf aus dem seligen Bach,
Die Blümlein am Ufer, die blauen,
Sie nickten und blickten ihr nach.

Und in den Bach versunken
Der ganze Himmel schien
Und wollte mich mit hinunter
In seine Tiefe ziehn.

Und über den Wolken und Sternen
Da rieselt munter der Bach
Und rief mit Singen und Klingen:
Geselle, Geselle, mir nach!

Da gingen die Augen mir über,
Da ward es im Spiegel so kraus;
Sie sprach: Es kommt ein Regen,
Ade, ich geh nach Haus.

### *Brüderschaft*

Im Krug zum grünen Kranze
Da kehrt ich durstig ein;
Da saß ein Wandrer drinnen
Am Tisch bei kühlem Wein.

Ein Glas war eingegossen,
Das wurde nimmer leer;
Sein Haupt ruht' auf dem Bündel,
Als wär's ihm viel zu schwer.

Ich tät mich zu ihm setzen,
Ich sah ihm ins Gesicht,
Das schien mir gar befreundet,
Und dennoch kannt ich's nicht.

Da sah auch mir ins Auge
Der fremde Wandersmann
Und füllte meinen Becher
Und sah mich wieder an.

Hei, was die Becher klangen,
Wie brannte Hand in Hand:
»Es lebe die Liebste deine,
Herzbruder, im Vaterland!«

### *Aus: Die Winterreise*

### *Gute Nacht*

Fremd bin ich eingezogen,
Fremd zieh ich wieder aus
Der Mai war mir gewogen

Mit manchem Blumenstrauß.
Das Mädchen sprach von Liebe,
Die Mutter gar von Eh' –
Nun ist die Welt so trübe,
Der Weg gehüllt in Schnee.

Ich kann zu meiner Reisen
Nicht wählen mit der Zeit,
Muß selbst den Weg mir weisen
In dieser Dunkelheit.
Es zieht ein Mondenschatten
Als mein Gefährte mit,
Und auf den weißen Matten
Such ich des Wildes Tritt.

Was soll ich länger weilen,
Bis man mich trieb hinaus?
Laß irre Hunde heulen
Vor ihres Herren Haus!
Die Liebe liebt das Wandern –
Gott hat sie so gemacht –
Von einem zu dem andern –
Fein Liebchen, Gute Nacht!

Will dich im Traum nicht stören,
Wär schad um deine Ruh,
Sollst meinen Tritt nicht hören –
Sacht, sacht die Türe zu!
Ich schreibe nur im Gehen
Ans Tor noch gute Nacht,
Damit du mögest sehen,
Ich hab an dich gedacht.

## *Erstarrung*

Ich such im Schnee vergebens
Nach ihrer Tritte Spur,
Hier, wo wir oft gewandelt
Selbander durch die Flur.

Ich will den Boden küssen,
Durchdringen Eis und Schnee
Mit meinen heißen Tränen,
Bis ich die Erde seh.

Wo find ich eine Blüte,
Wo find ich grünes Gras?
Die Blumen sind erstorben,
Der Rasen sieht so blaß.

Soll denn kein Angedenken
Ich nehmen mit von hier?
Wenn meine Schmerzen schweigen,
Wer sagt mir dann von ihr?

Mein Herz ist wie erfroren,
Kalt starrt ihr Bild darin:
Schmilzt je das Herz mir wieder,
Fließt auch das Bild dahin.

## *Der Lindenbaum*

Am Brunnen vor dem Tore
Da steht ein Lindenbaum:
Ich träumt in seinem Schatten
So manchen süßen Traum.

Ich schnitt in seine Rinde
So manches liebe Wort:
Es zog in Freud und Leide
Zu ihm mich immer fort.

Ich mußt auch heute wandern
Vorbei in tiefer Nacht,
Da hab ich noch im Dunkel
Die Augen zugemacht.

Und seine Zweige rauschten,
Als riefen sie mir zu:
Komm her zu mir, Geselle,
Hier findst du deine Ruh!

Die kalten Winde bliesen
Mir grad ins Angesicht,
Der Hut flog mir vom Kopfe,
Ich wendete mich nicht.

Nun bin ich manche Stunde
Entfernt von jenem Ort,
Und immer hör ich's rauschen:
Du fändest Ruhe dort!

## *Rückblick*

Es brennt mir unter beiden Sohlen,
Tret ich auch schon auf Eis und Schnee.
Ich möcht nicht wieder Atem holen,
Bis ich nicht mehr die Türme seh.

Hab mich an jedem Stein gestoßen,
So eilt ich zu der Stadt hinaus;

Die Krähen warfen Băll' und Schloßen
Auf meinen Hut von jedem Haus.

Wie anders hast du mich empfangen,
Du Stadt der Unbeständigkeit!
An deinen blanken Fenstern sangen
Die Lerch und Nachtigall im Streit.

Die runden Lindenbäume blühten,
Die klaren Rinnen rauschten hell,
Und ach, zwei Mädchenaugen glühten!
Da war's geschehn um dich, Gesell!

Kömmt mir der Tag in die Gedanken,
Möcht ich noch einmal rückwärts sehn,
Möcht ich zurücke wieder wanken,
Vor ihrem Hause stille stehn.

## *Der greise Kopf*

Der Reif hatt einen weißen Schein
Mir über's Haar gestreuet.
Da meint ich schon ein Greis zu sein
Und hab mich sehr gefreuet.

Doch bald ist er hinweggetaut,
Hab wieder schwarze Haare,
Daß mir's vor meiner Jugend graut –
Wie weit noch bis zur Bahre!

Vom Abendrot zum Morgenlicht
Ward mancher Kopf zum Greise.
Wer glaubt's? Und meiner ward es nicht
Auf dieser ganzen Reise!

## *Die Krähe*

Eine Krähe war mit mir
Aus der Stadt gezogen,
Ist bis heute für und für
Um mein Haupt geflogen.

Krähe, wunderliches Tier,
Willst mich nicht verlassen?
Meinst wohl bald als Beute hier
Meinen Leib zu fassen?

Nun, es wird nicht weit mehr gehn
An dem Wanderstabe.
Krähe, laß mich endlich sehn
Treue bis zum Grabe!

## *Letzte Hoffnung*

Hier und da ist an den Bäumen
Noch ein buntes Blatt zu sehn,
Und ich bleibe vor den Bäumen
Oftmals in Gedanken stehn.

Schaue nach dem einen Blatte,
Hänge meine Hoffnung dran;
Spielt der Wind mit meinem Blatte,
Zittr ich, was ich zittern kann.

Ach, und fällt das Blatt zu Boden,
Fällt mit ihm die Hoffnung ab,
Fall ich selber mit zu Boden,
Wein' auf meiner Hoffnung Grab.

## *Das Irrlicht*

In die tiefsten Felsengründe
Lockte mich ein Irrlicht hin;
Wie ich einen Ausgang finde,
Liegt nicht schwer mir in dem Sinn.

Bin gewohnt das irre Gehen,
's führt ja jeder Weg zum Ziel:
Unsre Freuden, unsre Wehen,
Alles eines Irrlichts Spiel!

Durch des Bergstroms trockne Rinnen
Wind ich ruhig mich hinab –
Jeder Strom wird's Meer gewinnen,
Jedes Leiden auch ein Grab.

## *Die Nebensonnen*

Drei Sonnen sah ich am Himmel stehn,
Hab lang und fest sie angesehn;
Und sie auch standen da so stier,
Als könnten sie nicht weg von mir.
Ach, meine Sonnen seid ihr nicht!
Schaut andren doch in's Angesicht!
Ja, neulich hatt ich auch wohl drei:
Nun sind hinab die besten zwei.
Ging nur die dritt erst hinterdrein!
Im Dunkel wird mir wohler sein.

### *Der Leiermann*

Drüben hinterm Dorfe
Steht ein Leiermann,
Und mit starren Fingern
Dreht er was er kann.

Barfuß auf dem Eise
Schwankt er hin und her,
Und sein kleiner Teller
Bleibt ihm immer leer.

Keiner mag ihn hören,
Keiner sieht ihn an;
Und die Hunde brummen
Um den alten Mann.

Und er läßt es gehen
Alles, wie es will,
Dreht, und seine Leier
Steht ihm nimmer still.

Wunderlicher Alter,
Soll ich mit dir gehn?
Willst zu meinen Liedern
Deine Leier drehn?

## *Die Braut*

*(Mönkgut)*

Eine blaue Schürze hast du mir gegeben,
Mutter, schad ums Färben, Mutter, schad ums Weben!
Morgen in der Frühe wird sie bleich erscheinen,
Will zu Nacht so lange Tränen auf sie weinen.

Und wenn meine Tränen es nicht schaffen können,
Wie sie immer strömen, wie sie immer brennen,
Wird mein Liebster kommen und mir Wasser bringen,
Wird sich Meereswasser aus den Locken ringen.

Denn er liegt da unten in des Meeres Grunde,
Und wenn ihm die Wogen rauschen diese Kunde,
Daß ich hier soll freien und ihm treulos werden,
Aus der Tiefe steigt er auf zur bösen Erden.

In die Kirche soll ich – nun, ich will ja kommen,
Will mich fromm gesellen zu den andern Frommen.
Laßt mich am Altare still vorüberziehen,
Denn dort ist mein Plätzchen, wo die Witwen knieen.

## *Vineta*

Aus des Meeres tiefem, tiefem Grunde
Klingen Abendglocken dumpf und matt,
Uns zu geben wunderbare Kunde
Von der schönen alten Wunderstadt.

In der Fluten Schoß hinabgesunken,
Blieben unten ihre Trümmer stehn.

Ihre Zinnen lassen goldne Funken
Widerscheinend auf dem Spiegel sehn.

Und der Schiffer, der den Zauberschimmer
Einmal sah im hellen Abendrot,
Nach derselben Stelle schifft er immer,
Ob auch rings umher die Klippe droht.

Aus des Herzens tiefem, tiefem Grunde
Klingt es mir, wie Glocken, dumpf und matt.
Ach, sie geben wunderbare Kunde
Von der Liebe, die geliebt es hat.

Eine schöne Welt ist da versunken,
Ihre Trümmer blieben unten stehn,
Lassen sich als goldne Himmelsfunken
Oft im Spiegel meiner Träume sehn.

Und dann möcht ich tauchen in die Tiefen,
Mich versenken in den Widerschein,
Und mir ist, als ob mich Engel riefen
In die alte Wunderstadt herein.

## *Die verpestete Freiheit*

Was schreit das Pharisäervolk so ängstlich durch die Länder,
Die Häupter dick mit Staub bestreut, zerrissen die Gewänder?
Sie schreien: Sperrt die Häfen zu, umzieht mit Quarantänen
Die Grenzen und die Ufer schnell vor Schiffen und vor Kähnen!

Die Pest ist unter ihrer Schar. Da seht die Strafgerichte,
Damit des Herrn gerechte Hand Empörer macht
zunichte!
Die Freiheit selber, wie es heißt, ist von der Pest befallen
Und flüchtet sich nach Westen nun mit ihren Jüngern
allen.
O seht euch vor, daß in das Land die Freiheit euch nicht
schleiche
Und der gesunden Völker Herz mit ihrem Hauch
erreiche!
Sie kleidet sich zu dieser Zeit in vielerlei Gestalten:
Bald Weib, bald Mann, bald nur ein Kind, bald hat sie
greise Falten.
Drum lasset keinen Flüchtling ein, der kommt vom
Griechenlande,
Daß nicht die Freiheit ihre Pest bring in die guten
Lande!

### *Hellas und die Welt*

Ohne die Freiheit, was wärest du, Hellas?
Ohne dich, Hellas, wäs wäre die Welt?

Kommt, ihr Völker aller Zonen,
Seht die Brüste,
Die euch säugten
Mit der reinen Milch der Weisheit!
Sollen Barbaren sie zerfleischen?
Seht die Augen,
Die euch erleuchteten
Mit dem himmlischen Strahle der Schönheit!
Sollen sie Barbaren blenden?

Seht die Flamme,
Die euch wärmte
Durch und durch im tiefen Busen,
Daß ihr fühltet,
Wer ihr seid,
Was ihr wollt,
Was ihr sollt,
Eurer Menschheit hohen Adel,
Eure Freiheit!
Sollen Barbaren sie ersticken?

Kommt, ihr Völker aller Zonen,
Kommt und helfet frei sie machen,
Die euch alle frei gemacht!

Ohne die Freiheit, was wärest du, Hellas?
Ohne dich, Hellas, was wäre die Welt?

[Hellas: *Vgl. »Griechenlied«, S. 157.*]

## LUISE HENSEL

### *Unbegreiflich*

Sie rechnen viel und zählen,
Und eins ist doch nur not.
Sie sorgen stets und quälen
Sich nur ums Erdenbrot.

Sie schaffen, tauschen, wählen,
Und bald kommt doch der Tod,
Der ihre Güter stehlen,
Vernichten wird – o Not!

Drum laßt das Sorgen, Quälen
Und denkt ans Himmelsbrot.
Habt kurze Zeit zum Wählen:
Heut rot und morgen tot.

So laßt das Rechnen, Zählen,
Begreift: »Nur eins ist not«,
Und denkt an eure Seelen
Und denkt an Gott und Tod.

## *Nachtgebet*

Müde bin ich, geh zur Ruh,
Schließe beide Äuglein zu:
Vater, laß die Augen dein
Über meinem Bette sein!

Hab ich Unrecht heut getan,
Sieh es, lieber Gott, nicht an!
Deine Gnad und Jesu Blut
Macht ja allen Schaden gut.

Alle, die mir sind verwandt,
Gott, laß ruhn in deiner Hand!
Alle Menschen, groß und klein,
Sollen dir befohlen sein.

Kranken Herzen sende Ruh,
Nasse Augen schließe zu!
Laß den Mond am Himmel stehn
Und die stille Welt besehn!

## KARL FOLLEN

### *Deutsch Burschenlied*

Brause, du Freiheitssang,
Brause wie Wogendrang
Aus Felsenbrust!
Feig bebt der Knechte Schwarm,
Uns schlägt das Herz so warm,
Uns zuckt der Jünglingsarm
Voll Tatenlust.

Gott Vater, dir zum Ruhm
Flammt Deutschlands Rittertum
In uns aufs neu;
Neu wird das alte Band,
Wachsend wie Feuersbrand,
Gott, Freiheit, Vaterland,
Alt deutsche Treu!

Stolz, keusch und heilig sei,
Gläubig und deutsch und frei
Hermanns Geschlecht!
Zwingherrschaft, Zwingherrnwitz
Tilgt Gottes Racheblitz –
Euch sei der Herrschersitz
Freiheit und Recht!

Freiheit, in uns erwacht
Ist deine Geistesmacht –
Heil dieser Stund!
Blühend in Ritterkraft,
Glühend nach Wissenschaft,
Sei Deutschlands Burschenschaft
Ein Bruderbund!

Schalle du Schwerterklang,
Schalle du Hochgesang
Aus deutscher Brust!
Ein Herz, ein Leben ganz
Stehn wir wie Wall und Schanz,
Bürgen des Vaterlands
Voll Himmelslust.

## ADOLF LUDWIG FOLLEN

### *Bursch und Philister*

Ein Wille, fest und scharf wie Stahl, gar fleckenlos und blank,
Der fegt, wie Gottes Donnerstrahl, den wüsten Höllen-stank.
Die Feigheit pflanzt sich auf den Mist, auf daß sie baß gedeiht,
Und spürt sich, wenn kein Schwein sie frißt, ganz in Behaglichkeit.

Wen jener Stahl und Strahl vergnügt, als Seelenlicht und Sporn,
Der, ob er schustert oder pflügt, ist Bursch von Schrot und Korn.
Doch diesen Pflanzer auf dem Mist, ob er studiert, regiert,
Ja den, obgleich nicht viel er ist, das Wort Phil-ist-er ziert.
Den Burschen rühret fremde Not; er lacht, wenn er entbehrt;
Doch wenn dem Volk ein Unbill droht, dann fährt die Faust ans Schwert!

Zwar rührt die Not im Vaterland auch das Philisterpack,
Nur fährt ihm, statt ans Schwert, die Hand verzweifelnd an den Sack!

Des Freiheitsgeistes Sturmwindgang ergreift mit Hermannslust,
Wie Harf- und Schlachtdrommetenklang, des Burschen tapfre Brust.
Philister wimmern: Laßt uns doch den Sausewind vom Hals!
Er bläst uns von der Suppe noch den lang gesparten Schmalz.

Nun auf, ihr Burschen, frei und schnell, ihr Brüder, du und du!
Noch bellt der Kamptz- und Schmalzgesell Beel- und Kotzebu.
Auf! mäht das reife Korn und streut's: die stolze Freiheitslust!
Schmückt, wappnet als ein eisern Kreuz des Vaterlandes Brust!

Das spürst du nicht, Philisterwurm! wie Wuodans Odem braust;
Wie wann ein kühler Nordlandsstern in tote Eichen saust,
Wir fassen auf mit Segelkraft der Winde kühnen Scherz;
Wie wild der Meerschlund heult und klafft: Durch muß des Kieles Erz.

[Kamptz: *Karl v. (1769–1849), in verschiedenen Ämtern des preußischen Staats tätig, war führend an der »Demagogenverfolgung« beteiligt.* – Schmalz: *Rechtswissenschaftler in Berlin* . – Kotzebue: *August (1761–1819), Schriftsteller, Dramatiker, wegen seiner reaktionären politischen Haltung von dem Burschenschafter Karl Sand ermordet. – Alle Genannten galten als Gegner der Burschenschaftsbewegung.*]

## FRIEDRICH FÖRSTER

### *Siegesfeier*

*(am 18. Oktober 1820)*

Triumph! Triumph! Auf allen Bergen Feuer,
Illumination! – –
Heut bleibt es still, und zur Gedächtnisfeier
Kein Stümpchen Licht, kein einz'ger Ton.

Nicht auf die Berge brauchen wir zu ziehen
Mit unserm Besenreis,
Wir fühlen ja die Freudenfeuer glühen
Am treuen Patriotensteiß.

Wir können dreist uns mit Alt-England messen,
Ihr Freunde, welch ein Glück!
Der hat im Ober-, der im Unterhaus gesessen:
Zu S[pandau] und zu K[öpenick].

Ruft der Franzose großsprecherisch: vive la charte!
Im lautesten Triumph,
Wir zeigen ihm am Degen unsre Scharte,
Der ist nun freilich etwas stumpf.

Wollt einer bei uns nach Quiroga fragen,
Das käm uns spanisch vor,
Doch wenn zu allem wir ›o ja‹ sagen,
Das schmeichelt freilich mehr dem Ohr.

Italien mag von Heldenruhm erzählen
An seinem simplen Po,
Wir haben ja, mag uns auch Pepe fehlen,
Papa, Pipi, Popo.

Drum jubelt laut, ihr deutschen Patrioten,
Ihr habt es weit gebracht,
Und singt und tanzt, doch nur nach Wiener Noten,
Am Tag der großen Völkerschlacht.

[Spandau, Köpenick: *jetzt Stadtteile Berlins; Orte mit bekannten Haftanstalten.* – vive la charte!: *Es lebe die Verfassung!* – Wiener Noten: *Fürst Metternich (1773–1859), scharfer Gegner des Liberalismus und aller revolutionären Bewegungen, bestimmte in Wien die Politik Österreichs, das Präsidialmacht im 1815 auf dem Wiener Kongreß gegründeten Deutschen Bund war.*]

## LUDWIG UHLAND

### *Der König auf dem Turme*

Da liegen sie alle, die grauen Höhn,
Die dunkeln Täler in milder Ruh;
Der Schlummer waltet, die Lüfte wehn
Keinen Laut der Klage mir zu.

Für alle hab ich gesorgt und gestrebt,
Mit Sorgen trank ich den funkelnden Wein;
Die Nacht ist gekommen, der Himmel belebt,
Meine Seele will ich erfreun.

O du goldne Schrift durch den Sterneraum!
Zu dir ja schau ich liebend empor.
Ihr Wunderklänge, vernommen kaum,
Wie besäuselt ihr sehnlich mein Ohr!

Mein Haar ist ergraut, mein Auge getrübt,
Die Siegeswaffen hängen im Saal,
Habe Recht gesprochen und Recht geübt,
Wann darf ich rasten einmal?

O selige Rast, wie verlang ich dein!
O herrliche Nacht, wie säumst du so lang,
Da ich schaue der Sterne lichteren Schein
Und höre volleren Klang!

## *Die Kapelle*

Droben stehet die Kapelle,
Schauet still in's Tal hinab,
Drunten singt bei Wies und Quelle
Froh und hell der Hirtenknab.

Traurig tönt das Glöcklein nieder,
Schauerlich der Leichenchor;
Stille sind die frohen Lieder,
Und der Knabe lauscht empor.

Droben bringt man sie zu Grabe,
Die sich freuten in dem Tal;
Hirtenknabe, Hirtenknabe!
Dir auch singt man dort einmal.

## *Schäfers Sonntagslied*

Das ist der Tag des Herrn!
Ich bin allein auf weiter Flur;
Noch Eine Morgenglocke nur,
Nun Stille nah und fern.

Anbetend knie ich hier.
O süßes Graun! geheimes Wehn!
Als knieten viele ungesehn
Und beteten mit mir.

Der Himmel nah und fern,
Er ist so klar und feierlich,
So ganz, als wollt er öffnen sich.
Das ist der Tag des Herrn!

### *Das Schloß am Meere*

Hast du das Schloß gesehen,
Das hohe Schloß am Meer?
Golden und rosig wehen
Die Wolken drüber her.

Es möchte sich niederneigen
In die spiegelklare Flut;
Es möchte streben und steigen
In der Abendwolken Glut.

»Wohl hab ich es gesehen,
Das hohe Schloß am Meer,
Und den Mond darüber stehen
Und Nebel weit umher.«

Der Wind und des Meeres Wallen,
Gaben sie frischen Klang?
Vernahmst du aus hohen Hallen
Saiten und Festgesang?

»Die Winde, die Wogen alle
Lagen in tiefer Ruh,
Einem Klagelied aus der Halle
Hört ich mit Tränen zu.«

Sahest du oben gehen
Den König und sein Gemahl?

Der roten Mäntel Wehen,
Der goldnen Kronen Strahl?

Führten sie nicht mit Wonne
Eine schöne Jungfrau dar,
Herrlich wie eine Sonne,
Strahlend im goldnen Haar?

»Wohl sah ich die Eltern beide,
Ohne der Kronen Licht,
Im schwarzen Trauerkleide;
Die Jungfrau sah ich nicht.«

## *Des Knaben Berglied*

Ich bin vom Berg der Hirtenknab,
Seh auf die Schlösser all herab;
Die Sonne strahlt am ersten hier,
Am längsten weilet sie bei mir;
Ich bin der Knab vom Berge!

Hier ist des Stromes Mutterhaus;
Ich trink ihn frisch vom Stein heraus;
Er braust vom Fels in wildem Lauf,
Ich fang ihn mit den Armen auf;
Ich bin der Knab vom Berge!

Der Berg, der ist mein Eigentum,
Da ziehn die Stürme rings herum;
Und heulen sie von Nord und Süd,
So überschallt sie doch mein Lied:
Ich bin der Knab vom Berge!

Sind Blitz und Donner unter mir,
So steh ich hoch im Blauen hier;
Ich kenne sie und rufe zu:
Laßt meines Vaters Haus in Ruh!
Ich bin der Knab vom Berge!

Und wann die Sturmglock einst erschallt,
Manch Feuer auf den Bergen wallt,
Dann steig ich nieder, tret ins Glied
Und schwing mein Schwert und sing mein Lied:
Ich bin der Knab vom Berge!

## *Der Wald*

Was je mir spielt um Sinnen und Gemüte
Von frischem Grün, von kühlen Dämmerungen,
Das hat noch eben mich bedeckt, umschlungen
Als eines Maienwaldes Lustgebiete.

Was je in Traum und Wachen mich umglühte
Von Blumenschein, von Knospen, kaum gesprungen,
Das kam durch die Gebüsche hergedrungen
Als leichte Jägerin, des Waldes Blüte.

Sie floh dahin, ich eilte nach mit Flehen,
Bald hätten meine Arme sie gebunden,
Da mußte schnell der Morgentraum verwehen.

O Schicksal, das mir selbst nicht Hoffnung gönnte!
Mir ist die Schönste nicht allein verschwunden,
Der Wald sogar, drin ich sie suchen könnte.

### *Sängers Vorüberziehn*

Ich schlief am Blütenhügel,
Hart an des Pfades Rand.
Da lieh der Traum mir Flügel
Ins goldne Fabelland.

Erwacht, mit trunknen Blicken,
Wie wer aus Wolken fiel,
Gewahr ich noch im Rücken
Den Sänger mit dem Spiel.

Er schwindet um die Bäume,
Noch hör ich fernen Klang.
Ob der die Wunderträume
Mir in die Seele sang?

### *Einkehr*

Bei einem Wirte, wundermild,
Da war ich jüngst zu Gaste;
Ein goldner Apfel war sein Schild
An einem langen Aste.

Es war der gute Apfelbaum,
Bei dem ich eingekehret;
Mit süßer Kost und frischem Schaum
Hat er mich wohl genähret.

Es kamen in sein grünes Haus
Viel leichtbeschwingte Gäste;
Sie sprangen frei und hielten Schmaus
Und sangen auf das beste.

Ich fand ein Bett zu süßer Ruh
Auf weichen, grünen Matten;
Der Wirt, er deckte selbst mich zu
Mit seinem kühlen Schatten.

Nun fragt ich nach der Schuldigkeit,
Da schüttelt' er den Wipfel.
Gesegnet sei er allezeit
Von der Wurzel bis zum Gipfel!

## *Frühlingsglaube*

Die linden Lüfte sind erwacht,
Sie säuseln und weben Tag und Nacht,
Sie schaffen an allen Enden.
O frischer Duft, o neuer Klang!
Nun, armes Herze, sei nicht bang!
Nun muß sich alles, alles wenden.

Die Welt wird schöner mit jedem Tag,
Man weiß nicht, was noch werden mag,
Das Blühen will nicht enden.
Es blüht das fernste, tiefste Tal:
Nun, armes Herz, vergiß der Qual!
Nun muß ich alles, alles wenden.

## *Siegfrieds Schwert*

Jung Siegfried war ein stolzer Knab,
Ging von des Vaters Burg herab.

Wollt rasten nicht in Vaters Haus,
Wollt wandern in alle Welt hinaus.

Begegnet' ihm manch Ritter wert
Mit festem Schild und breitem Schwert.

Siegfried nur einen Stecken trug;
Das war ihm bitter und leid genug.

Und als er ging im finstern Wald,
Kam er zu einer Schmiede bald.

Da sah er Eisen und Stahl genug,
Ein lustig Feuer Flammen schlug.

»O Meister, liebster Meister mein!
Laß du mich deinen Gesellen sein!

Und lehr du mich mit Fleiß und Acht,
Wie man die guten Schwerter macht!«

Siegfried den Hammer wohl schwingen kunnt,
Er schlug den Amboß in den Grund.

Er schlug, daß weit der Wald erklang
Und alles Eisen in Stücke sprang.

Und von der letzten Eisenstang
Macht' er ein Schwert, so breit und lang.

»Nun hab ich geschmiedet ein gutes Schwert,
Nun bin ich wie andre Ritter wert.

Nun schlag ich wie ein andrer Held
Die Riesen und Drachen in Wald und Feld.«

## *Auf den Tod eines Landgeistlichen*

Bleibt abgeschiednen Geistern die Gewalt,
Zu kehren nach dem irdschen Aufenthalt,
So kehrest du nicht in der Mondennacht,
Wann nur die Sehnsucht und die Schwermut wacht.
Nein! wann ein Sommermorgen niedersteigt,
Wo sich im weiten Blau kein Wölkchen zeigt,
Wo hoch und golden sich die Ernte hebt,
Mit roten, blauen Blumen hell durchwebt,
Dann wandelst du, wie einst, durch das Gefild
Und grüßest jeden Schnitter freundlich mild.

## *Schwäbische Kunde*

Als Kaiser Rotbart lobesam
Zum heil'gen Land gezogen kam,
Da mußt' er mit dem frommen Heer
Durch ein Gebirge, wüst und leer.
Daselbst erhub sich große Not,
Viel Steine gab's und wenig Brot,
Und mancher deutsche Reitersmann
Hat dort den Trunk sich abgetan.
Den Pferden war's so schwach im Magen,
Fast mußte der Reiter die Mähre tragen.
Nun war ein Herr aus Schwabenland,
Von hohem Wuchs und starker Hand,
Des Rößlein war so krank und schwach,
Er zog es nur am Zaume nach,
Er hätt es nimmer aufgegeben,
Und kostet's ihn das eigne Leben.
So blieb er bald ein gutes Stück
Hinter dem Heereszug zurück;

Da sprengten plötzlich in die Quer
Fünfzig türkische Reiter daher.
Die huben an, auf ihn zu schießen,
Nach ihm zu werfen mit den Spießen.
Der wackre Schwabe forcht sich nit,
Ging seines Weges Schritt vor Schritt,
Ließ sich den Schild mit Pfeilen spicken
Und tät nur spöttlich um sich blicken,
Bis einer, dem die Zeit zu lang,
Auf ihn den krummen Säbel schwang.
Da wallt dem Deutschen auch sein Blut,
Er trifft des Türken Pferd so gut,
Er haut ihm ab mit einem Streich
Die beiden Vorderfüß zugleich.
Als er das Tier zu Fall gebracht,
Da faßt er erst sein Schwert mit Macht,
Er schwingt es auf des Reiters Kopf,
Haut durch bis auf den Sattelknopf,
Haut auch den Sattel noch zu Stücken
Und tief noch in des Pferdes Rücken;
Zur Rechten sieht man wie zur Linken
Einen halben Türken heruntersinken.
Da packt die andern kalter Graus,
Sie fliehen in alle Welt hinaus,
Und jedem ist's, als würd ihm mitten
Durch Kopf und Leib hindurchgeschnitten.
Drauf kam des Wegs 'ne Christenschar,
Die auch zurückgeblieben war,
Die sahen nun mit gutem Bedacht,
Was Arbeit unser Held gemacht.
Von denen hat's der Kaiser vernommen,
Der ließ den Schwaben vor sich kommen,
Er sprach: »Sag an, mein Ritter wert!
Wer hat dich solche Streich' gelehrt?«

Der Held bedacht sich nicht zu lang:
»Die Streiche sind bei uns im Schwang,
Sie sind bekannt im ganzen Reiche,
Man nennt sie halt nur Schwabenstreiche.«

## *In ein Stammbuch*

Die Zeit in ihrem Fluge streift nicht bloß
Des Feldes Blumen und des Waldes Schmuck,
Den Glanz der Jugend und die frische Kraft:
Ihr schlimmster Raub trifft die Gedankenwelt.
Was schön und edel, reich und göttlich war
Und jeder Arbeit, jeden Opfers wert,
Das zeigt sie uns so farblos, hohl und klein,
So nichtig, daß wir selbst vernichtet sind.
Und dennoch wohl uns, wenn die Asche treu
Den Funken hegt, wenn das getäuschte Herz
Nicht müde wird, von neuem zu erglühn!
Das Echte doch ist eben diese Glut,
Das Bild ist höher als sein Gegenstand,
Der Schein mehr Wesen als die Wirklichkeit.
Wer nur die Wahrheit sieht, hat ausgelebt;
Das Leben gleicht der Bühne: dort wie hier
Muß, wenn die Täuschung weicht, der Vorhang fallen.

## *Der Mohn*

Wie dort, gewiegt von Westen,
Des Mohnes Blüte glänzt!
Die Blume, die am besten
Des Traumgotts Schläfe kränzt;
Bald purpurhell, als spiele

Der Abendröte Schein,
Bald weiß und bleich, als fiele
Des Mondes Schimmer ein.

Zur Warnung hört ich sagen,
Daß, der im Mohne schlief,
Hinunter ward getragen
In Träume, schwer und tief;
Dem Wachen selbst geblieben
Sei irren Wahnes Spur,
Die Nahen und die Lieben
Halt' er für Schemen nur.

In meiner Tage Morgen,
Da lag auch ich einmal,
Von Blumen ganz verborgen,
In einem schönen Tal.
Sie dufteten so milde!
Da ward, ich fühlt es kaum,
Das Leben mir zum Bilde,
Das Wirkliche zum Traum.

Seitdem ist mir beständig,
Als wär es so nur recht,
Mein Bild der Welt lebendig,
Mein Traum nur wahr und echt;
Die Schatten, die ich sehe,
Sie sind wie Sterne klar.
O Mohn der Dichtung! wehe
Um's Haupt mir immerdar!

# JUSTINUS KERNER

## *Frage*

Wärst du nicht, heil'ger Abendschein!
Wärst du nicht, sternerhellte Nacht!
Du Blütenschmuck! du üpp'ger Hain!
Und du, Gebirg voll ernster Pracht!
Du, Vogelsang aus Himmeln hoch!
Du, Lied aus voller Menschenbrust!
Wärst du nicht – ach! was füllte noch
In arger Zeit ein Herz mit Lust?

## *Wanderlied*

Wohlauf! noch getrunken
Den funkelnden Wein!
Ade nun, ihr Lieben!
Geschieden muß sein.
Ade nun, ihr Berge,
Du väterlich Haus!
Es treibt in die Ferne
Mich mächtig hinaus.

Die Sonne, sie bleibet
Am Himmel nicht stehn,
Es treibt sie, durch Länder
Und Meere zu gehn.
Die Woge nicht haftet
Am einsamen Strand,
Dic Stürme, sie brausen
Mit Macht durch das Land.

Mit eilenden Wolken
Der Vogel dort zieht
Und singt in der Ferne
Ein heimatlich Lied.
So treibt es den Burschen
Durch Wälder und Feld,
Zu gleichen der Mutter,
Der wandernden Welt.

Da grüßen ihn Vögel
Bekannt überm Meer,
Sie flogen von Fluren
Der Heimat hieher;
Da duften die Blumen
Vertraulich um ihn,
Sie trieben vom Lande
Die Lüfte dahin.

Die Vögel, die kennen
Sein väterlich Haus,
Die Blumen einst pflanzt' er
Der Liebe zum Strauß,
Und Liebe, die folgt ihm,
Sie geht ihm zur Hand:
So wird ihm zur Heimat
Das ferneste Land.

## *Wanderer*

Die Straßen, die ich gehe,
So oft ich um mich sehe,
Sie bleiben fremd doch mir.
Herberg, wo ich möcht weilen,

Ich kann sie nicht ereilen,
Weit, weit ist sie von hier.

So fremd mir anzuschauen
Sind diese Städt und Auen,
Die Burgen stumm und tot!
Doch fern Gebirge ragen,
Die meine Heimat tragen,
Ein ewig Morgenrot.

### *Alphorn*

Ein Alphorn hör ich schallen,
Das mich von hinnen ruft,
Tönt es aus wald'gen Hallen?
Tönt es aus blauer Luft?
Tönt es von Bergeshöhe,
Aus blumenreichem Tal?
Wo ich nur steh und gehe,
Hör ich's in süßer Qual.

Bei Spiel und frohem Reigen,
Einsam mit mir allein,
Tönt's, ohne je zu schweigen,
Tönt tief ins Herz hinein.
Noch nie hab ich gefunden
Den Ort, woher es schallt,
Und nimmer wird gesunden
Dies Herz, bis es verhallt.

## *Die traurige Hochzeit*

Zu Augsburg in dem hohen Saal
Herr Fugger hielt sein Hochzeitsmahl.

Kunigunde hieß die junge Braut,
Saß krank und bleich, gab keinen Laut.

Zwölf goldne Becher gingen herum,
Nichts trank Herr Fugger, so bleich und stumm.

Zwölf Blumenkörbe bot man umher,
Die Braut verlangte kein Blümlein mehr.

Zwölf Harfner lockten zum Fackeltanz,
Die Fackeln gaben so matten Glanz.

Die Gäste tanzten in langen Reih'n,
Zwo weiße Gestalten hinterdrein.

Die Gäste tanzten zum Saal hinaus,
Sie tanzten und tanzten wohl aus dem Haus.

Die Saiten der Harfen sprangen zumal,
Stumm schlichen die Harfner sich aus dem Saal.

Im Saale vernahm man keinen Laut,
Tot saßen im Dunkel Bräut'gam und Braut.

## *Trost*

Solang noch Berg' und Tale blühn,
Durch sie melodisch Flüsse ziehn,
Ein Vogel hoch im Blauen schwebt,

Goldähren licht im Westhauch wallen,
Gebirge stehn, Alphörner schallen:
Hat diese Welt nicht ausgelebt.
Und was die Menschen tun und treiben,
Ob frei sie oder Knechte bleiben,
Dem Frühling gräbt es sich nicht ein.
Kein Treiber bringt mich je in Zweifel
– Ist er ein Teufel aller Teufel –,
Er ändert nicht der Sonne Schein.

## *Abendschiffahrt*

Wenn von heiliger Kapelle
Abendglocke fromm erschallet,
Stiller dann das Schiff auch wallet
Durch die himmelblaue Welle;
Dann sinkt Schiffer betend nieder,
Und wie von dem Himmel helle
Blicken aus den Wogen wieder
Mond und Sterne.
Eines ist dann Wolk und Welle,
Und die Engel tragen gerne,
Umgewandelt zur Kapelle,
So ein Schiff durch Mond und Sterne.

## *Täuschung*

Ich lag im Schlaf in Träumen,
In stiller Mitternacht,
Wohl unter Blütenbäumen
In sonnenheller Pracht;

5 *Caspar David Friedrich: Zwei Männer in Betrachtung des Mondes, 1819/20*

Erwacht, sah ich in Trauer
Entlaubte Bäume nur,
Und düstrer Regenschauer
Durchbebte die Natur.

Ich lag im Schlaf in Träumen,
Ein Freund bot mir die Hand,
Ich reicht ihm ohne Säumen
Die meinige zum Pfand;

Erwacht, mußt ich erblicken,
Wie mit dem Dolch der Freund
Stand hinter meinem Rücken;
Nun weiß ich, wie er's meint.

Abschied möcht ich dir geben,
Du Welt, mit deinem Licht!
Hier innen ist mein Leben,
Da draußen ist es nicht.

Dies Lied hatt ich gesungen,
Als einer untreu war,
Doch kaum war es verklungen,
Da waren's schon ein paar.

Und sollt ich jetzt noch singen
Von schlechtem Menschendank,
Die Leier würd zerspringen,
So lang würd der Gesang.

*Der Wanderer in der Sägmühle*

Dort unten in der Mühle
Saß ich in süßer Ruh
Und sah dem Räderspiele
Und sah den Wassern zu.

Sah zu der blanken Säge,
Es war mir wie ein Traum,
Die bahnte lange Wege
In einen Tannenbaum.

Die Tanne war wie lebend,
In Trauermelodie
Durch alle Fasern bebend,
Sang diese Worte sie:

Du kehrst zur rechten Stunde,
O Wanderer, hier ein,
Du bist's, für den die Wunde
Mir dringt ins Herz hinein!

Du bist's, für den wird werden,
Wenn kurz gewandert du,
Dies Holz im Schoß der Erden
Ein Schrein zur langen Ruh.

Vier Bretter sah ich fallen,
Mir ward's ums Herze schwer,
Ein Wörtlein wollt ich lallen,
Da ging das Rad nicht mehr.

## *Der Zopf im Kopfe*

Einst hat man das Haar frisiert,
Hat's gepudert und geschmiert,
Daß es stattlich glänze,
Steif die Stirne begrenze.

Nun läßt schlicht man wohl das Haar,
Doch dafür wird wunderbar
Das Gehirn frisieret,
Meisterlich dressieret.

Auf dem Kopfe die Frisur,
Ist sie wohl ganz Unnatur,
Scheint mir doch passabel,
Nicht so miserabel

Als jetzt im Gehirn der Zopf,
Als jetzt die Frisur im Kopf,
Puder und Pomade
Im Gehirn! – Gott Gnade!

## *Der schmerzreiche Ton*

Wehlaut aus dem Totenzimmer,
Glockenklang, der Schüler Chor,
Das sind Töne wohl, die immer
Schmerzreich dringen in mein Ohr.

Doch ein Ton im Haus der Leiche
Bringet mir vor allen Schmerz,
Ton, bei dem ich stets erbleiche,
Ton, der mir zerreißt das Herz.

Ton aus stiller Totenkammer,
Wo der Mensch im Leichenschrein –
Wenn der Tischler mit dem Hammer
Schlägt den ersten Nagel ein.

## KARL MAYER

### *Wald und überall Wald*

Wie schön, wenn vom Gebirg zum Wald
Der Kuckuck fern aus blauer Luft
Sein Echowort herüberhallt
In unsere kuckuckslaute Schluft!

Wie schön, wenn unsrem Waldeshaupt,
Eh wir die lange Schlucht durchschaut,
Das Ferngebirge, gleich belaubt,
Aus Frühlingsduft entgegenblaut!

### *Sommerreise*

Blaudunkler, als die Lüfte blühn,
Sahn Nelken aus dem Saatengrün.
Den schönsten Farbengruß entbot
Durchsichtig, feuerpurpurrot
Der Ackermohn dem Sonnentag,
Und oben das Entzücken lag
Als Lerchensang in klarer Luft,
Berauscht von süßem Segensduft.
Da gab es viel zu stehn, zu preisen
Und langsam ging es mit dem Reisen.

### *Abendnebel*

Waagrecht sitzt der Nebel fest,
Mondbeschimmert, auf der Wiese,
Während sich nicht halten läßt,
Daß sie schwankend überfließe,
Ungleich diesem Nebelmeere,
Meiner Schwermut stille Zähre.

### *In einer alten Reichsstadt*

Seltsam durcheinander gleiten
In der alten Reichsstadt Räumen
Junges Leben, alte Zeiten,
Mitzuleben, nachzuträumen,

Wie ergraute Münsterkrähen,
Gravität in jedem Schritte,
Pickend auf dem Markt zu sehen
In behender Täublein Mitte.

## GUSTAV SCHWAB

### *Abschied vom Gebirge*

Schnee und Blüte hängt am Baum,
Doch gewinnt die Blüte Raum,
Lacht sich von den Flocken
An der Sonne trocken.

Das Gebirg liegt hinter mir,
Ferne winkt der Ebne Zier,
Mai hat sie durchwoben;
Du, April, bleib droben!

Drunten blüht es ohne Schnee,
Drunten tut kein Frost mir weh,
Wehn die Lüfte linder,
Blühn mir Weib und Kinder!

Flügle, Wandrer, deinen Schritt,
Nimm die leichten Lieder mit,
Die in solchen Mühen
Dennoch mochten blühen.

Ist ein Ton auch halb verweht,
Irgendwo ein Reim verdreht,
Was April gedichtet,
Wird nicht streng gerichtet!

### *Sonett aus dem Bade*

O Mond, wie leget sich so schön und breit,
Viel weicher als auf Gassen und Paläste,
Um diese Berge, diese vollen Äste,
Auf dieses Gras dein lichtgesponnen Kleid.

O Mond, o Sonne der Vergangenheit!
Wie dringst du auch in meines Busens Feste,
Wie wirfst du Glanz und Schatten auf die Reste
Von Lebensträumen ferner Jünglingszeit.

Aus diesen Trümmern hebt sich leis empor
Im Strahl der Nacht ein Lilienangesicht
Mit blauer Augen frischem Perlentaue.

Ein altes Jugendlied rauscht mir ans Ohr,
Mir flüstert's ein verklungenes Gedicht,
Daß ich der frühen Lieb ins Antlitz schaue.

### *Heuernte*

Heuernte, schönste Zeit im Jahr,
Der Wald längst grün und doch noch klar,
Die Blumen ganz im Blühn,
Die Saat noch hoffnungsgrün.

Grün hängt die Frucht im dichten Baum,
Halb ausgebildet, halb noch Traum;
Still steht des Lebens Flucht
Noch zwischen Blüt und Frucht.

Nur erntereif das flücht'ge Gras
Und frisch und duftig selber das.
Wohl, wenn's ans Welken geht,
Dem, der so süß verweht!

Die Luft noch nicht zu wild durchschwirrt,
Nur hier und dort ein Käfer irrt;
Im Grillchen kichert nur,
Im Vogel jauchzt Natur.

Vorüber schwebt ein geist'ger Duft,
Ein Äther durch den Dampf der Luft!
Ist's Engelsodem? Nein!
Es ist der blühnde Wein!

O Mensch, genieße dieser Zeit,
Und atme sie wie Ewigkeit;
Leg dich am Quell ins Heu,
Erbau dein Traumgebäu!

Geschwind, eh dich ein Tropfen weckt,
Eh dich ein Blitz, ein Donner schreckt,
Denn auch der Wonne Born
Wallt plötzlich auf in Zorn.

Dann sät sein Korn der Hagel aus,
Der Sturm bricht Äste sich zum Strauß,
Der Bach zerreißt das Land –
Frucht, Blüte, Gras verschwand.

## *Das Gewitter*

Urahne, Großmutter, Mutter und Kind
In dumpfer Stube beisammen sind;
Es spielet das Kind, die Mutter sich schmückt,
Großmutter spinnet, Urahne gebückt
Sitzt hinter dem Ofen im Pfühl –
Wie wehen die Lüfte so schwül!

Das Kind spricht: »Morgen ist's Feiertag,
Wie will ich spielen im grünen Hag,
Wie will ich springen durch Tal und Höh'n,
Wie will ich pflücken viel Blumen schön;
Dem Anger, dem bin ich hold!« –
Hört ihr's, wie der Donner grollt?

Die Mutter spricht: »Morgen ist's Feiertag,
Da halten wir alle fröhlich Gelag,

Ich selber, ich rüste mein Feierkleid;
Das Leben, es hat auch Lust nach Leid,
Dann scheint die Sonne wie Gold!« –
Hört ihr's, wie der Donner grollt?

Großmutter spricht: »Morgen ist's Feiertag,
Großmutter hat keinen Feiertag,
Sie kochet das Mahl, sie spinnt das Kleid,
Das Leben ist Sorg und viel Arbeit;
Wohl dem, der tat, was er sollt!« –
Hört ihr's, wie der Donner grollt?

Urahne spricht: »Morgen ist's Feiertag,
Am liebsten morgen ich sterben mag:
Ich kann nicht singen und scherzen mehr,
Ich kann nicht sorgen und schaffen schwer,
Was tu ich noch auf der Welt?« –
Seht ihr, wie der Blitz dort fällt?

Sie hören's nicht, sie sehen's nicht,
Es flammet die Stube wie lauter Licht:
Urahne, Großmutter, Mutter und Kind
Vom Strahl miteinander getroffen sind,
Vier Leben endet ein Schlag –
Und morgen ist's Feiertag.

## NIKOLAUS LENAU

### *Bitte*

Weil auf mir, du dunkles Auge,
Übe deine ganze Macht,
Ernste, milde, träumerische,
Unergründlich süße Nacht!

Nimm mit deinem Zauberdunkel
Diese Welt von hinnen mir,
Daß du über meinem Leben
Einsam schwebest für und für.

### *Das Posthorn*

Still ist schon das ganze Dorf,
Alles schlafen gangen,
Auch die Vöglein im Gezweig,
Die so lieblich sangen.

Dort in seiner Einsamkeit
Kommt der Mond nun wieder,
Und er lächelt still und bleich
Seinen Gruß hernieder;

Nur der Bach, der nimmer ruht,
Hat ihn gleich vernommen,
Lächelt ihm den Gruß zurück,
Flüstert ihm: »Willkommen!«

Mich auch findest du noch wach,
Lieber Mond, wie diesen,

Denn auf immer hat die Ruh
Mich auch fortgewiesen.

Mich umschlingt kein holder Traum
Mit den Zauberfäden,
Hab mit meinem Schmerze noch
Manches Wort zu reden.

Ferne, leise hör ich dort
Eines Posthorns Klänge,
Plötzlich wird mir um das Herz
Nun noch eins so enge.

Töne, Wandermelodei,
Durch die öden Straßen;
Wie so leicht einander doch
Menschen sich verlassen!

Lustig rollt der Wagen fort
Über Stein' und Brücken;
Stand nicht wer an seinem Schlag
Mit verweinten Blicken?

Mag er stehn! die Träne kann
Nicht die Rosse halten;
Mag der rauhe Geißelschwung
Ihm die Seele spalten!

[noch eins: *noch einmal.*]

## *In der Wüste*

Ist's nicht eitel und vergebens,
– Lieben Freunde, saget an! –
Durch den Wüstensand des Lebens
Sich zu wühlen eine Bahn?

Streut auch unser Fuß im Staube
Spuren aus von seinem Lauf,
Gleich, wie Geier nach dem Raube,
Kommt ein Sturm und frißt sie auf.

Einsam und in Karawanen
Treibt es nach dem Land der Ruh;
Und es flattern tausend Fahnen
Hier und dort der Ferne zu.

Wir auch wandern vielverbündet
Nach der Rätselferne aus;
Doch der Strahl der Wüste zündet
Sehnsucht nach dem kühlen Haus;

Zündet heißer stets das Sehnen
In die Gruft aus diesem Land,
Wo, nie satt, nach unsern Tränen
Lechzt herauf der dürre Sand.

## *Schilflieder*

### 1.

Drüben geht die Sonne scheiden,
Und der müde Tag entschlief.
Niederhangen hier die Weiden
In den Teich, so still, so tief.

Und ich muß mein Liebstes meiden:
Quill, o Träne, quill hervor!
Traurig säuseln hier die Weiden,
Und im Winde bebt das Rohr.

In mein stilles, tiefes Leiden
Strahlst du, Ferne! hell und mild,
Wie durch Binsen hier und Weiden
Strahlt des Abendsternes Bild.

2.

Trübe wird's, die Wolken jagen,
Und der Regen niederbricht,
Und die lauten Winde klagen:
Teich, wo ist dein Sternenlicht?

Suchen den erloschnen Schimmer
Tief im aufgewühlten See.
Deine Liebe lächelt nimmer
Nieder in mein tiefes Weh!

3.

Auf geheimem Waldespfade
Schleich ich gern im Abendschein
An das öde Schilfgestade,
Mädchen, und gedenke dein!

Wenn sich dann der Busch verdüstert,
Rauscht das Rohr geheimnisvoll,
Und es klaget und es flüstert,
Daß ich weinen, weinen soll.

Und ich mein', ich höre wehen
Leise deiner Stimme Klang
Und im Weiher untergehen
Deinen lieblichen Gesang.

4.

Sonnenuntergang;
Schwarze Wolken ziehn,
O wie schwül und bang
Alle Winde fliehn!

Durch den Himmel wild
Jagen Blitze, bleich;
Ihr vergänglich Bild
Wandelt durch den Teich.

Wie gewitterklar
Mein' ich dich zu sehn
Und dein langes Haar
Frei im Sturme wehn!

5.

Auf dem Teich, dem regungslosen,
Weilt des Mondes holder Glanz,
Flechtend seine bleichen Rosen
In des Schilfes grünen Kranz.

Hirsche wandeln dort am Hügel,
Blicken in die Nacht empor;
Manchmal regt sich das Geflügel
Träumerisch im tiefen Rohr.

Weinend muß mein Blick sich senken;
Durch die tiefste Seele geht
Mir ein süßes Deingedenken
Wie ein stilles Nachtgebet!

## *In der Schenke*

*Am Jahrestag der unglücklichen Polenrevolution*

Unsre Gläser klingen hell,
Freudig singen unsre Lieder;
Draußen schlägt der Nachtgesell
Sturm sein brausendes Gefieder,
Draußen hat die rauhe Zeit
Unsrer Schenke Tür verschneit.

Haut die Gläser an den Tisch!
Brüder, mit den rauhen Sohlen
Tanzt nun auch der Winter frisch
Auf den Gräbern edler Polen,
    Wo verscharrt in Eis und Frost
Liegt der Freiheit letzter Trost.

Um die Heldenleichen dort
Rauft der Schnee sich mit den Raben,
Will vom Tageslichte fort
Tief die Schmach der Welt begraben;
Wohl die Leichen hüllt der Schnee,
Nicht das ungeheure Weh.

Wenn die Lerche wieder singt
Im verwaisten Trauertale,
Wenn der Rose Knospe springt,
Aufgeküßt vom Sonnenstrahle:
Reißt der Lenz das Leichentuch
Auch vom eingescharrten Fluch.

Rasch aus Schnee und Eis hervor
Werden dann die Gräber tauchen;

Aus den Gräbern wird empor
Himmelwärts die Schande rauchen,
Und dem schwarzen Rauch der Schmach
Sprüht der Rache Flamme nach.

[Am Jahrestag: *29.11.1831. Am 29.11.1830 hatten sich die polnischen Patrioten in Warschau erhoben. Am 8.9.1831 wurde Warschau von den Russen erobert, danach Polen als unterworfene Provinz regiert.*]

## HEINRICH HEINE

### *Die Heimführung*

Ich geh nicht allein, mein feines Lieb,
Du mußt mit mir wandern
Nach der lieben, alten, schaurigen Klause
In dem trüben, kalten, traurigen Hause,
Wo meine Mutter am Eingang kau'rt
Und auf des Sohnes Heimkehr lau'rt.

»Laß ab von mir, du finstrer Mann!
Wer hat dich gerufen?
Dein Odem glüht, deine Hand ist Eis,
Dein Auge sprüht, deine Wang ist weiß; –
Ich aber will mich lustig freun
An Rosenduft und Sonnenschein.«

Laß duften die Rosen, laß scheinen die Sonn,
Mein süßes Liebchen!
Wirf um den weiten weißwallenden Schleier,
Und greif in die Saiten der schallenden Leier,
Und singe ein Hochzeitlied dabei;
Der Nachtwind pfeift die Melodei.

6 *Ernst Fries: Römische Gebirgslandschaft, um 1827*

## *Die Grenadiere*

Nach Frankreich zogen zwei Grenadier',
Die waren in Rußland gefangen.
Und als sie kamen ins deutsche Quartier,
Sie ließen die Köpfe hangen.

Da hörten sie beide die traurige Mär:
Daß Frankreich verloren gegangen,
Besiegt und zerschlagen das große Heer –
Und der Kaiser, der Kaiser gefangen.

Da weinten zusammen die Grenadier'
Wohl ob der kläglichen Kunde.
Der eine sprach: »Wie weh wird mir,
Wie brennt meine alte Wunde!«

Der andre sprach: »Das Lied ist aus,
Auch ich möcht mit dir sterben,
Doch hab ich Weib und Kind zu Haus,
Die ohne mich verderben.«

»Was schert mich Weib, was schert mich Kind,
Ich trage weit bessres Verlangen;
Laß sie betteln gehn, wenn sie hungrig sind –
Mein Kaiser, mein Kaiser gefangen!

Gewähr mir, Bruder, eine Bitt:
Wenn ich jetzt sterben werde,
So nimm meine Leiche nach Frankreich mit,
Begrab mich in Frankreichs Erde.

Das Ehrenkreuz am roten Band
Sollst du aufs Herz mir legen;

Die Flinte gib mir in die Hand,
Und gürt mir um den Degen.

So will ich liegen und horchen still,
Wie eine Schildwach, im Grabe,
Bis einst ich höre Kanonengebrüll
Und wiehernder Rosse Getrabe.

Dann reitet mein Kaiser wohl über mein Grab,
Viel Schwerter klirren und blitzen;
Dann steig ich gewaffnet hervor aus dem Grab,–
Den Kaiser, den Kaiser zu schützen!«

## *Wahrhaftig*

Wenn der Frühling kommt mit dem Sonnenschein,
Dann knospen und blühen die Blümlein auf;
Wenn der Mond beginnt seinen Strahlenlauf,
Dann schwimmen die Sternlein hintendrein;
Wenn der Sänger zwei süße Äuglein sieht,
Dann quellen ihm Lieder aus tiefem Gemüt; –
Doch Lieder und Sterne und Blümelein
Und Äuglein und Mondglanz und Sonnenschein,
Wie sehr das Zeug auch gefällt,
So macht's doch noch lang keine Welt.

---

Im wunderschönen Monat Mai,
Als alle Knospen sprangen,
Da ist in meinem Herzen
Die Liebe aufgegangen.

Im wunderschönen Monat Mai,
Als alle Vögel sangen,
Da hab ich ihr gestanden
Mein Sehnen und Verlangen.

---

Aus meinen Tränen sprießen
Viel blühende Blumen hervor,
Und meine Seufzer werden
Ein Nachtigallenchor.

Und wenn du mich lieb hast, Kindchen,
Schenk ich dir die Blumen all,
Und vor deinem Fenster soll klingen
Das Lied der Nachtigall.

---

Es stehen unbeweglich
Die Sterne in der Höh
Viel tausend Jahr' und schauen
Sich an mit Liebesweh.

Sie sprechen eine Sprache,
Die ist so reich, so schön;
Doch keiner der Philologen
Kann diese Sprache verstehn.

Ich aber hab sie gelernet,
Und ich vergesse sie nicht;
Mir diente als Grammatik
Der Herzallerliebsten Gesicht.

---

Ich steh auf des Berges Spitze
Und werde sentimental.
»Wenn ich ein Vöglein wäre!«
Seufz ich vieltausendmal.

Wenn ich eine Schwalbe wäre,
So flög ich zu dir, mein Kind,
Und baute mir mein Nestchen,
Wo deine Fenster sind.

Wenn ich eine Nachtigall wäre,
So flög ich zu dir, mein Kind,
Und sänge dir nachts meine Lieder
Herab von der grünen Lind.

Wenn ich ein Gimpel wäre,
So flöge ich gleich an dein Herz;
Du bist ja hold den Gimpeln
Und heilest Gimpelschmerz.

---

Ich weiß nicht, was soll es bedeuten,
Daß ich so traurig bin;
Ein Märchen aus alten Zeiten,
Das kommt mir nicht aus dem Sinn.

Die Luft ist kühl und es dunkelt,
Und ruhig fließt der Rhein;
Der Gipfel des Berges funkelt
Im Abendsonnenschein.

Die schönste Jungfrau sitzet
Dort oben wunderbar,
Ihr goldnes Geschmeide blitzet,
Sie kämmt ihr goldenes Haar.

Sie kämmt es mit goldenem Kamme
Und singt ein Lied dabei;
Das hat eine wundersame,
Gewaltige Melodei.

Den Schiffer im kleinen Schiffe
Ergreift es mit wildem Weh;
Er schaut nicht die Felsenriffe,
Er schaut nur hinauf in die Höh.

Ich glaube, die Wellen verschlingen
Am Ende Schiffer und Kahn;
Und das hat mit ihrem Singen
Die Lorelei getan.

---

Sie saßen und tranken am Teetisch
Und sprachen von Liebe viel.
Die Herren, die waren ästhetisch,
Die Damen von zartem Gefühl.

»Die Liebe muß sein platonisch«,
Der dürre Hofrat sprach.

Die Hofrätin lächelt ironisch,
Und dennoch seufzet sie: »Ach!«

Der Domherr öffnet den Mund weit:
»Die Liebe sei nicht zu roh,
Sie schadet sonst der Gesundheit.«
Das Fräulein lispelt: »Wieso?«

Die Gräfin spricht wehmütig:
»Die Liebe ist eine Passion!«
Und präsentieret gütig
Die Tasse dem Herrn Baron.

Am Tische war noch ein Plätzchen;
Mein Liebchen, da hast du gefehlt.
Du hättest so hübsch, mein Schätzchen,
Von deiner Liebe erzählt.

# NACHWORT

## HINWEISE ZUR DEUTSCHEN ROMANTIK

Alle Epochenbezeichnungen sind problematisch; dennoch benutzen wir sie, um uns ganz allgemein zu verständigen. Barock, Aufklärung, Sturm und Drang, Klassik, Romantik, Biedermeier: die Begriffe sind uns vertraut, und wir verbinden gewisse Anschauungen mit ihnen; doch mehr leisten sie nicht. Ihr Wert besteht darin, wie der Romanist Erich Auerbach einmal angemerkt hat, daß sie im Leser oder Hörer eine Reihe von Vorstellungen hervorrufen, die es ihm erleichtern zu verstehen, was im jeweiligen Zusammenhang gemeint ist. Exakt sind sie nicht. Schon gar nicht folgen die benamten Zeitabschnitte, als Epochen etikettiert, in konsequenter Reihenfolge aufeinander. Es gibt Überschneidungen in Hülle und Fülle, und Unterschiedliches ist gleichzeitig da. Dies vorausgesetzt und stets mitbedacht, läßt sich doch benennen, was unter der Chiffre »deutsche Romantik« zusammengefaßt werden kann und herkömmlicherweise auch zusammengefaßt worden ist. Daß man als »deutsche Romantik« oftmals sehr einsinnig vor allem Waldeinsamkeit und Waldeszauber, rauschenden Mühlbach und plätschernde Brunnen, sehnsuchtsvolles Gefühl und Schwärmerei für Vergangenes verstanden und eben dies als spezifisch deutsch erklärt hat, steht auf einem anderen, später noch aufzuschlagenden Blatt. Und wie verwickelt es um die Zuordnung von Autoren (durch sich selbst oder andere) zur fortwirkenden Romantiktradition im 19. bis ins 20. Jahrhundert bestellt ist, haben literaturgeschichtliche Forschungen und Darstellungen eindringlich verdeutlichen können. »Die Romantik endet weder 1815 noch 1830«, schärft Friedrich Sengle ein (*Biedermeierzeit*, Bd. I, Stuttgart 1971) und betont »die Aufgabe, die Romantiktradition, die bis ins 20. Jahrhundert ein Faktor und ein ernstes Problem bleibt, in allen Perioden des 19. Jahrhunderts gegenwärtig zu halten«. Sicherlich ist das ebenso angezeigt, wie daran zu erinnern, daß es Vorstufen der Romantik gibt (der Begriff »Vorromantik« ist nicht unbekannt) und daß Romantik ein europäisches Phänomen ist, so daß die Geschichtsschreibung gehalten ist, »den deutschen Romantikbegriff mit dem europäischen zu vermitteln« (Sengle).

Nur unter Hinweis auf solche Verzahnungen und Verwicklungen also kann eine Sammlung vorgelegt werden, die den Titel »Gedichte der deutschen Romantik« trägt und die sich auf die historische Kernzone dessen konzentriert, was in Deutschland »Romantik« genannt wird; denn von einer solchen darf nach wie vor die Rede sein. Diese Kernzone wird – unter den zu beachtenden Vorbehalten – im allgemeinen durch die Jahreszahlen 1795 und 1830 markiert. Es handelt sich dabei nicht um einen in sich geschlossenen, einheitlichen historischen Verlauf. Er gibt vielmehr zahlreiche und schwierig zu beantwortende Fragen auf. Zu Recht hat der historisch ordnende Blick seit langem einige Hauptphasen unterschieden.

Gern läßt man die erste Phase mit den unter der Jahreszahl 1797 erschienenen *Herzensergießungen eines kunstliebenden Klosterbruders* von Wackenroder beginnen. Doch ist daran zu denken, daß schon 1795 Friedrich Schlegel seinen bedeutsamen Aufsatz *Über das Studium der griechischen Poesie* geschrieben hat, der, erst 1796/97 veröffentlicht, in entscheidenden Partien auch von der modernen Literatur handelt und ihre Aufgaben und Möglichkeiten erörtert. Frühromantik (auch ältere oder Jenaer Romantik) nennt man die erste Phase, für die Gestalten wie Friedrich und August Wilhelm Schlegel, Wackenroder, Ludwig Tieck, Friedrich von Hardenberg, der sich Novalis nannte, zeugen können. Die Zeitschrift *Athenaeum* (179–1800), von den Brüdern Schlegel herausgegeben, dokumentiert eindrucksvoll Kunstauffassung und -praxis dieser frühen Romantikergeneration. Von einer erstaunlichen und manchmal schwindelnden Höhe der Reflexion aus werden Forderungen an eine ›moderne‹ Poesie entworfen. In Friedrich von Hardenbergs und Friedrich Schlegels Aphorismen kristallisieren sich poetisch-philosophische Gedankengänge von weitreichender und schwer auszulotender Konsequenz. Philosophie des deutschen Idealismus wirkt, vor allem Fichte, und Goethes *Wilhelm Meister*-Roman befördert und beflügelt das poetologische Nach- und Weiterdenken. »Die Französische Revolution, Fichtes Wissenschaftslehre und Goethes Meister sind die größten Tendenzen des Zeitalters« (Friedrich Schlegel, 216. Athenaeumsfragment). Im berühmt gewordenen 116. Fragment verkündet Friedrich Schlegel: »Die romantische Poesie ist eine progressive Universalpoesie. Ihre Bestimmung ist nicht bloß, alle getrennte Gattungen der Poesie wieder zu vereinigen und die Poesie mit der Philosophie und Rhetorik in Berührung zu setzen. Sie will und soll auch Poesie und Prosa, Genialität und Kritik, Kunstpoesie und Naturpoesie bald mischen, bald verschmelzen, die Poesie lebendig und gesellig und das Leben und die Gesellschaft poetisch machen, den Witz poetisieren und die Formen der Kunst mit gediegnem Bildungsstoff jeder Art anfüllen und sättigen und durch die Schwingungen des Humors beseelen. Sie umfaßt alles, was nur poetisch ist, vom größten wieder mehrere Systeme in sich enthaltenden Systeme der Kunst bis zu dem Seufzer, dem Kuß, den das dichtende Kind aushaucht in kunstlosen Gesang. [...]« Novalis, der sich dann doch am Mangel des ›Poetischen‹ in Goethes *Meister* stößt und im eigenen *Ofterdingen*-Roman Welt ganz in Poesie zu verwandeln sucht, programmiert: »Die Welt muß romantisiert werden. So findet man den ursprünglichen Sinn wieder. Romantisieren ist nichts als eine qualitative Potenzierung. Das niedere Selbst wird mit einem bessern Selbst in dieser Operation identifiziert.« Und: »Nichts ist poetischer als Erinnerung und Ahndung oder Vorstellung der Zukunft.« Zurück und voraus geht der erinnernde und ahnende Blick. Denker und Dichter ist Novalis zugleich, während die Brüder Schlegel im Theoretischen und in historischen Arbeiten ihre besondere Stärke bekunden und Friedrich in literaturkritischen Essays brilliert, die bis heute ihre grundsätzliche Bedeutung für das (oft so leichtfertig und theorielos betriebene) Geschäft der Literaturkritik nicht verloren haben. Wackenroder spricht in jugendlichem Enthusiasmus ein vorher so nicht gekanntes, von religiöser Andacht erfülltes Kunsterleben aus. Sein Freund und Herausgeber Ludwig Tieck kümmert sich in diesen frühen Jahren wenig um Theoretisches, präsentiert sich zunächst als wendiger Schriftsteller und findet dann in Prosa und Vers zu Ausdruck und Gestaltung von Stimmungen, die bis heute die allgemeine Vorstellung vom ›Romantischen‹ mit prägen. »Waldeinsamkeit, / Die mich erfreut, / So morgen wie heut / In ewiger Zeit, / O wie mich freut / Waldeinsamkeit.« Im Romanfragment *Franz Sternbalds Wanderungen* (1798) läßt Tieck sagen: »Ich habe gestern ein Gedicht geschrieben, in dem ich versucht habe, eine Stimmung auszudrücken und darzustellen, die schon oft meine Seele erfüllt hat.«

All das vollzieht sich gleichzeitig mit den Überlegungen und Werken, die der sogenannten deutschen Klassik zugerechnet werden, im letzten Jahrzehnt des 18. Jahrhunderts. Zugleich treten jene Autoren hervor, die man ungern unter eine bestimmte Epochenbezeichnung zwängt: 1793 bereits, noch vor Goethes *Meister*, erscheint Jean Pauls *Unsichtbare Loge*, 1795 *Hesperus*, 1796 *Quintus Fixlein*; Hölderlins Hymnen und Elegien werden 1793 gedruckt, und schon im Herbst 1794 bietet Schillers Zeitschrift *Neue Thalia* eine erste Fassung des *Hyperion*-Romans. – Weiter noch: Dies Jahrzehnt ist auch die Zeit der sogenannten Jakobiner, die um einer radikalen Umwälzung der bestehenden Verhältnisse willen publizieren. Georg Forster ist nur der bekannteste von ihnen. In denselben Jahren wie das *Athenaeum* erscheint der *Obskuranten-Almanach*, dessen Titel den Unbefangenen verwirren kann, da sich der Almanach, der drei Jahrgänge von 1798 bis 1800 umfaßt, gerade gegen die politische Reaktion und gegen den »Obskurantismus« richtet.

Vorlesungen der Brüder Schlegel, in denen sie von ihrer Kunstauffassung aus weite historische Zusammenhänge überblicken, dürfen als Ausklang der frühromantischen Phase gelten: August Wilhelms Berliner *Vorlesungen über schöne Literatur und Kunst* von 1801–1804 (allerdings erst 1884 ediert) und Friedrichs Geschichte der europäischen Literatur (1803/04 in Paris und Köln vorgetragen).

Die zweite Phase bezeichnet man als jüngere oder mittlere oder – nach ihrem Zentrum – als Heidelberger Romantik. Sie reicht bis etwa 1815, und neben Heidelberg sind Dresden und Berlin ihre Sammlungspunkte. Während Tieck und die Schlegels natürlich weiterhin schreiben und dichten (Friedrich Schlegel sich freilich nun ganz dem Katholizismus anheimgebend und seine frühere Zeit entschieden hinter sich lassend), melden sich neue Namen: Achim von Arnim und Clemens Brentano (das Erscheinen ihrer Sammlung »alter deutscher Lieder« unter dem Titel *Des Knaben Wunderhorn* 1806/08 gilt als ein charakteristischer Höhepunkt dieser Heidelberger Romantik), Joseph

Görres und Gotthilf Heinrich Schubert (der als Naturphilosoph 1808 *Ansichten von der Nachtseite der Naturwissenschaft* vorlegt), Zacharias Werner, der mit pompösphantastischen Dramen von sich reden macht, die Maler Philipp Otto Runge und Caspar David Friedrich. Heinrich von Kleist steht in seinen Dresdner und Berliner Jahren dieser jüngeren Romantik nahe, wenngleich die Zuordnung schwierig bleibt und seine Besonderheit nicht zu fassen vermag.

Die repräsentative Zeitschrift ist die *Zeitung für Einsiedler*, die Arnim herausgibt und an der die Schlegels ebenso mitarbeiten wie Tieck, die Brüder Grimm, Fouqué, Uhland, Justinus Kerner, Philipp Otto Runge. Als Buch erscheint sie unter dem bezeichnenden Titel *Trösteinsamkeit*, und wenn man sie mit dem *Athenaeum* vergleicht, wird der Unterschied sogleich deutlich: Nicht mehr philosophische, dichtungstheoretische Interessen stehen im Vordergrund; nicht mehr der kühne spekulative Ausgriff formt pointenreiche Gedanken, sondern der Blick richtet sich auf die Vergangenheit des eigenen Volkes und seine kulturellen Leistungen. Bindungen werden gesucht, verbindliche und von der Tradition beglaubigte Werte. Jetzt prägen sich unter dem Druck der politischen Ereignisse, der Herrschaft Napoleons und dem Untergang Preußens, nationale Gefühle und Überlegungen aus, bis hin zu besinnungslosem Haß auf alles »Welsche«. Auch Gedichte sprechen davon, und in den Befreiungskriegen (die keine Freiheitskriege wurden) schäumt das auf zum Haßgesang und zur süchtigen Feier des Todes in der Schlacht, die uns heute nur pervers anmuten kann.

Noch eine dritte Phase des Kernbereichs der Romantik läßt sich benennen. Diese Spätromantik (bestimmte Strömungen werden auch katholische Spätromantik genannt) erstreckt sich bis in die dreißiger Jahre des 19. Jahrhunderts; und auf die weit darüber hinausreichenden Nachwirkungen der Romantik überhaupt ist schon hingewiesen worden. In Österreich sucht Friedrich Schlegel, aus katholischem Geist und für die Erneuerung des Kaisertums arbeitend, das Metternich-System in aktiver diplomatischer Tätigkeit und ausgiebiger Schriftstellerei zu sichern. Eichendorffs Gedichte entstehen seit ca. 1808/1810. München ist zu erwähnen, mit dem Philosophen Franz von Baader, später auch mit Schelling und Görres, Berlin mit E. T. A. Hoffmann und Fouqué, und an die unruhige Wanderschaft Clemens Brentanos ist zu erinnern, der 1817 ganz zur Kirche zurückgefunden hat und voller Kritik auf das Dichten zuvor zurückblickt.

Eigens kann auch noch die sogenannte Schwäbische Romantik zitiert werden, mit Ludwig Uhland, Justinus Kerner, Gustav Schwab, Karl Mayer, dem wegen seiner kleinen Naturverse oft bespöttelten, und etlichen anderen. Allerdings: »Die Zusammengehörigkeit der mancherlei Autoren, die in Schwaben zwischen 1810 und 1830 in so erstaunlicher Zahl als Dichter hervortraten, ist deutlich, aber sie wird weniger unter dem Gesichtspunkt des dichterischen Stils faßbar, als unter dem von Zeit und Landschaft: ›schwäbisch‹ ist also stärker zu akzentuieren als ›Romantik‹« (Gerhard Storz, *Schwäbische Romantik*, Stuttgart 1967). Heinrich Heine hat diese Schwaben in seinem *Schwabenspiegel* 1838 aufs Korn genommen. Als ihm bedeutet wird, daß nicht Schiller und Schelling, nicht Hegel und David Strauß zur schwäbischen Schule gerechnet werden, kommt er »endlich dahinter, von welcher bescheidenen Größe jene Berühmtheiten sind, die sich seitdem als schwäbische Schule aufgetan, in demselben Gedankenkreise umherhüpfen, sich mit denselben Gefühlen schmücken und auch Pfeifenquäste von derselben Farbe tragen«. In der Tat macht sich hier nicht selten freundlich-harmloser Dilettantismus breit, der betulich mit gängigen Formeln romantischer Herkunft hantiert. Uhland freilich wird von Heine einigermaßen geschont, wenngleich er »nur die Töne der romantischen Schule gelehrig nachsprach«. Ludwig Uhlands Gedichtsammlung von 1815, 1840 immerhin in 14. Auflage erschienen, hat bei nicht wenigen große Anerkennung gefunden, und Grillparzer hat ihn 1836 als »den einzigen echt lyrischen Dichter unserer Epoche« gelobt. Doch ist hier deutlich genug zu sehen, wohin die Romantik sich verläuft: »Nach den tiefen, weitreichenden Gedanken, den verzückten Gesichten, den mystischen Hymnen der Älteren und Reicheren im Norden, nach ihren entfesselten Spring- und Schwebekünsten blieb, nicht nur in Schwaben, den Erben des romantischen Beginnes wesentlich nur dies, die Wendung zur Geschichte, als Möglichkeit übrig, den romantischen Weg weiterzugehen und auf ihm zu neuen Ausblicken zu kommen« (Gerhard Storz).

Wer die Phasen überblickt, dem drängt sich die Frage nach der möglichen Einheit der Romantik auf. Gibt es sie überhaupt? Und wenn ja, worin besteht sie? Die Einheit der Romantik ist eine Streitfrage in der literaturhistorischen Forschung. Frühromantik – Heidelberger Romantik – Spätromantik: Wie ist das zu vereinen?

Manche haben sie als Einheit gesehen, in dem sie sie selbst als Teil einer größeren Strömung aufgefaßt haben. Als das große Verbindende wird dabei (im Anschluß an Herman Nohls Aufsatz in der Zeitschrift *Logos* von 1911) die »Deutsche Bewegung« begriffen. Sturm und Drang, Klassik, Romantik: sie gelten dann als verschiedene Stufen eines einheitlichen Vorganges innerhalb der Geschichte des deutschen Geistes. Es handele sich um eine neue Weltanschauung, die nach langer Vorbereitung zu Beginn des letzten Drittels des 18. Jahrhunderts in Deutschland zum

Durchbruch gelangt sei. Diese neue Weltanschauung nenne man eine ›organisch-dynamisch-vitalistische‹. Das ›Organische‹ stehe dieser Weltanschauung im Vordergrund, weil sie von dem Zusammenhang und der natürlichen Gewachsenheit aller Vorgänge des geschichtlichen Lebens und der Natur überzeugt sei. Paul Kluckhohn (1886–1957), ein bekannter Romantikforscher, behauptet noch 1947: »Das Gemeinsame, Verbindende dieser verschiedenen philosophischen und literarischen Strömungen wird durch die Worte deutsch und Bewegung nicht unzutreffend gekennzeichnet und ist am leichtesten zu erfassen als Gegensatz gegen die Richtung, die im 18. Jahrhundert in Deutschland und mehr noch in den westeuropäischen Ländern vorherrschte, gegen die Aufklärung« (*Romantik. Ein Zyklus Tübinger Vorlesungen*, Tübingen 1948).

Unverkennbar ist bei solchen Auffassungen, daß die Heidelberger Romantik und ihr Umkreis als entscheidende Ausprägung der Romantik überhaupt herausgehoben wird. Tatsächlich hat es auch an Bemühungen nicht gefehlt, die Frühromantik von der ›eigentlichen‹ Romantik abzukoppeln. Besonders pointiert hat das Alfred Baeumler versucht. In der Einleitung, die er zu einer Auswahl aus den Schriften Bachofens (*Der Mythos von Orient und Okzident*) verfaßt hat, sind Sätze zu lesen wie diese: »Die Luft wechselt spürbar, wenn wir von der literarischen Romantik von Jena in die religiöse von Heidelberg kommen. Es ist eine ernste, fast düstere Welt, in die wir treten. Der Witz, das leichte Spiel, das kühne Versprechen haben Abschied genommen. Die Worte sprühen und leuchten nicht mehr, schwer fließen die Perioden dahin. Eine neue Seele redet, eine erdgebundene, ringende, eine, die der Wirklichkeit verhaftet ist, die erkannt hat, daß im Leben die Arbeit und der Tod mitgesetzt sind. Es ist, also ob die schützende Hülle der humanistischen Begriffskultur mit einemmal zerrissen wäre und der Mensch unmittelbar mit der Mutter Erde in Berührung gekommen ist. Die Kräfte strömen wieder aus dunkler Tiefe, der Mensch fühlt sich wieder dem Geheimnis des Lebens verbunden; anstelle des Klanges wohlgeformter Perioden vernimmt das Ohr jetzt das Rauschen des Blutes.« Dieser Einleitung aus der Feder des späteren nationalsozialistischen Ideologen Baeumler widmet bereits Thomas Mann in seiner *Pariser Rechenschaft* von 1926 sorgenvolle Gedanken. Angesichts des krisenvollen Versuchs einer deutschen Republik und der sich völkisch-national gebenden Attacken von rechts fragt er, »ob es eine gute und lebensfreundliche, eine pädagogische Tat« sei, »den Deutschen von heute diese Nachtschwärmerei, diesen ganzen Joseph-Görres-Komplex von Erde, Volk, Nation, Vergangenheit und Tod [...] in den Leib zu reden, mit der stillen Insinuation, dies alles sei wieder an der Tagesordnung, wir ständen wieder an diesem Punkt, es handle sich nicht sowohl um Geschichte, als um Leben, Jugend und Zukunft«. Das sei eine Frage, die beunruhige. »Dieser Gesinnung«, fährt Thomas Mann fort, »gilt die Einheit der deutschen Romantik nur als optische Täuschung. Es gibt eine wahre und eine nur sogenannte. Novalis und Friedrich Schlegel sind Romantiker in Anführungsstrichen, achtzehntes Jahrhundert im Grunde, rational infiziert, verwerflich. Arndt, Görres, Grimm, endlich Bachofen sind die Wahren, denn nur sie sind zutiefst beherrscht und bestimmt von dem großen ›Zurück‹, von der mütterlich-nächtigen Idee der Vergangenheit, während bei jenen diejenige der Zukunft auf männlich-allzu männliche Art vorwalte.«

Um der Verfallenheit an den Sog aus »dunkler Tiefe«, um einem blinden Lob des Irrationalen entgegenzuwirken, ist es stets geraten, an solche Warnungen zu erinnern. Gegenüber Baeumler und verwandten Anschauungen ist fest-

*7 Adrian Ludwig Richter: Überfahrt über die Elbe am Schreckenstein bei Aussig, 1837*

zuhalten, daß es »die andere Romantik« gibt (so der Titel einer Dokumentation von Helmut Schanze, Frankfurt 1967), wie sie sich – um nur ein Beispiel zu erwähnen – bezeugt in des ›frühromantischen‹ Friedrich Schlegel *Fragment einer Charakteristik eines deutschen Klassikers*. Dieser literaturkritische Essay gilt keinem anderen als Georg Forster, der wegen seines beharrlichen Eintretens für die Französische Revolution weithin diskreditiert war und den Schlegel als beispielhaften »gesellschaftlichen Schriftsteller« vorstellt.

Die Einheit der deutschen Romantik bleibt nach wie vor ein Problem. Man sollte sie nicht zu erzwingen suchen; dem Unterschiedlichen muß sein Recht bleiben; und Unterschiedliches, ja Gegensätzliches gibt es genug, auch im Gesamtwerk einzelner Romantiker selbst. Auf keinen Fall dürfen die funkelnde Geistigkeit, die intellektuellen Entwürfe, die Schärfe der Reflexion, wie sie die Frühromantiker erproben und beweisen, aus der wirklichen Romantik ausgeschieden werden. Ohnehin sind auch Dichten und Trachten etwa eines Achim von Arnim und Clemens Brentano nicht einfach in der fragwürdigen Rubrik ›Irrationalismus‹ zu verbuchen. »Die Lyrik der so sangeskundigen Poeten, die sich für alte Volkslieder begeisterten, ist weit mehr von Reflexion erfüllt, als es im allgemeinen wahrgenommen wird« (Walter Müller-Seidel, *Klassische Deutsche Dichtung*, Freiburg 1969). Die Behauptung einer ›eigentlichen‹ Romantik enthüllt sich schnell als Wunsch nach einer bestimmten Aneignung und Nachfolge.

Ihre Bedeutung eingebüßt haben für uns auch jene Versuche, das Romantische als eine Grundweise menschlichen Seins und Verhaltens zu behaupten und ihm eine polar andere entgegenzusetzen: das Klassische. Klassik und Romantik also als Ausdruck einer Grundpolarität; dort Geschlossenheit der Form, Erfüllung in der Begrenzung, durchformte Endlichkeit – hier Offenheit, Streben ins Unendliche; nicht Plastik, sondern Musik; nicht Kontur, sondern Verfließen. Die Herkunft solcher aufs Prinzipielle zielenden Gruppierungsversuche aus dem Geist von Wölfflins *Kunstgeschichtlichen Grundbegriffen* (1915) ist offenkundig. Heutige Fragestellungen, die nur in ausführlicher Darstellung entfaltet und bewältigt werden könnten, sind andere: Wie ist es zu begreifen, daß sich in einer bestimmten historischen Zeitphase und unter ihren mannigfachen Bedingungen jeweils unterschiedliche geistige und künstlerische Gestaltungen ausprägen?

Fragwürdig genug hat man auch mit einer Gegenüberstellung von Verstand und Gefühl das Romantische einfangen wollen: Hingabe an und Sichleitenlassen von Gefühl und Phantasie seien Kennzeichen des Romantischen; Ahnungen und Intuitionen lenkten den Sinn auf Übernatürliches und Übervernünftiges. Doch ist – man braucht nur die Schlegels oder Novalis zu zitieren – das Gefühl keineswegs das Alleinbestimmende; es lebt da zumindest ein sehr ›intellektuelles Fühlen‹, wenn man es etwas paradox formulieren will. Es ist Novalis, der im *Heinrich von Ofterdingen*-Roman Klingsohr dozieren läßt: »Nichts ist dem Dichter unentbehrlicher als Einsicht in die Natur jedes Geschäfts, Bekanntschaft mit den Mitteln, jeden Zweck zu erreichen, und Gegenwart des Geistes, nach Zeit und Umständen die schicklichsten zu wählen. Begeisterung ohne Verstand ist unnütz und gefährlich, und der Dichter wird wenig Wunder tun können, wenn er selbst über Wunder erstaunt« (7. Kapitel).

Immer noch, scheint mir, trifft das Resümee zu, das Franz Schultz (übrigens selbstkritisch gegenüber eigenen früheren Deutungen) in einem Vortrag 1950 gezogen hat: »Je weitere und tiefere Fortschritte die Ergründung der Romantik im einzelnen gemacht hat, um so mehr kann sie als ein Sammelbecken des Entgegengesetzten und als ein strahlenbrechendes Prisma erscheinen, und jeder Versuch, Wesen und Form der Romantik auf eine stichhaltige Formel zu bringen oder eine sogenannte ›Wesensbestimmung‹ der gesamten Romantik zu bieten, erweist sich um so unzulänglicher und unschärfer, je dehnbarer man eine solche Formel fassen möchte« (*Klassik und Romantik*, 3. Aufl., Stuttgart 1959).

Die von uns mit einer längst eingebürgerten Gewohnheit Romantiker genannt werden, haben sich selbst so nicht bezeichnet. »Romantik« und »Romantiker«: diese Titel sind nicht innerhalb der »neuen Schule«, welches zu Anfang des 19. Jahrhunderts der Name für die neue Strömung war, aufgekommen und nicht von ihren Mitgliedern auf sich selbst angewandt worden. Es geschieht hier wie so oft: Das kennzeichnende Etikett wird von den Kritikern gestanzt und bekanntgemacht. Ludwig Tieck hat sich in den Unterhaltungen mit seinem Biographen Rudolf Köpke, die in die Jahre 1849–1853 fallen, sehr deutlich über seine Stellung zu dem damals schon gebräuchlichen Begriff einer »romantischen Schule« und der »Romantik« geäußert. »Das Wort ›Romantisch‹, das man so häufig gebrauchen hört, und oft in so verkehrter Weise, hat viel Unheil angerichtet. Es hat mich immer verdrossen, wenn ich von der romantischen Poesie als einer besondern Gattung habe reden hören. [...] Nachher hat man mich zum Haupte einer sogenannten Romantischen Schule machen wollen. Nichts hat mir ferner gelegen als das. [...] Wenn man mich aufforderte, eine Definition des Romantischen zu geben, so würde ich das nicht vermögen. Ich weiß zwischen poetisch und romantisch überhaupt keinen Unterschied zu machen« (*Erinnerungen aus dem Leben des Dichters nach dessen mündlichen und schriftlichen Mitteilungen*, Bd. 2, Leipzig 1855).

Bei der Herausgabe seiner *Romantischen Dichtungen* (1799/1800), in denen August Wilhelm Schlegel in seiner Rezension im 1. Band des *Athenaeum* »luftige Bildungen der Phantasie« erkennt, »die bald heitern Scherz hingaukeln, bald die Musik zarter Regungen anklingen lassen«, – bei jener Edition sei es ihm bei der Wahl des Titels nicht in den Sinn gekommen, diesem Worte eine besondere Bedeutung geben zu wollen. »Ich nahm es so, wie es damals allgemein genommen wurde. Höchstens wollte ich damit andeuten, daß hier das Wunderbare in der Poesie mehr hervorgehoben werden solle. Nachher freilich ist das Wort mir selbst bis zum Überdrusse gebraucht worden; es wurde dann im katholisierenden Sinne angewendet.« Des alten Tieck Bemerkung läßt erkennen, daß das Wort »romantisch« sehr wohl zum Sprachbesitz auch schon der frühen Zeiten gehört; aber im Sinne der späteren Literaturgeschichtsschreibung hat man es sich, wie sich kurz zeigen läßt, nicht zueigen gemacht.

Gegen Ende des 18. Jahrhunderts kann im allgemeinen Sprachgebrauch das Wort »romantisch« zur Bezeichnung aller Symptome benutzt werden, die zum Vernunftwidrigen zu gehören scheinen. Unwahres und Unwirkliches kann damit ebenso bezeichnet werden wie merkwürdig Befremdliches und seltsam Überspanntes. Das Wort »romanhaft« in abschätziger Meinung ist ganz nah. In solchem Sinne taucht »romantisch« z. B. in jener 1698 in Zürich erschienenen *Mythoscopia Romantica oder Discours von den sogenannten Romans* auf, in der der Schweizer Theologe Gotthard Heidegger sich gegen die »eitlen romantischen Belustigungen« wendet, »die Öl zu dem Feuer unserer Begierden schütten«. Die unwahren Liebes- und Ritterromane voll wunderlichen Geschehens werden verdammt: »Wer Romans liest, der liest Lügen.« Solche Auffassung hält sich lange.

Noch in einer anderen Bedeutung war das Wort »romantisch« im 18. Jahrhundert in Umlauf gekommen, nämlich als Bezeichnung für eine bestimmte Art der Landschaft und des Naturgefühls. Die unverkünstelte Landschaft im Unterschied zur gestutzten Rokokolandschaft, der englische Garten im Gegensatz zum französischen werden als romantisch erklärt, ebenso auch eine zum Naturdenkmal gewordene Ruine oder ein malerisches, keine Regelhaftigkeit demonstrierendes Stadtbild.

August Wilhelm Schlegel jedoch benennt mit dem Wort »romantisch« etwas ganz anderes, nämlich die neuere Poesie seit dem Mittelalter. Sein Begriff des Romantischen hat deutlich historischen Sinn: Romantische Poesie ist die Dichtung seit dem Mittelalter im Unterschied zur antiken klassischen. In seinem Aufsatz über Gottfried August Bürger von 1801 äußert er, daß »die neuere, das ist romantische Poesie, sich nicht wie die klassische aus reinen Kunstgesetzen stetig entwickelt« habe. Die »romantische Gestaltung des Mittelalters« sei aus einem »Chaos streitender Elemente« hervorgegangen. Diese historisch verstandene Unterscheidung »klassisch-romantisch« als Klassifikation der antiken und nachantiken Dichtung war wohl in England aufgekommen.

Auch Friedrich Schlegel bedient sich des Wortes, sogar noch vor seinem Bruder, um summarisch die nachantike Literatur von der klassischen der Antike abzuheben. Dann aber wählt er denselben Terminus, um mit ihm *die* Dichtung zu etikettieren, die er als wahre Verwirklichung der Poesie erkennt und die er als die Dichtung der Zukunft heraufzuführen trachtet. (Das kann dazu führen, daß er gelegentlich sogar Werke der Antike romantisch nennt.) Für Friedrich Schlegel wird nun gerade auch der Roman zu jener Gattung, in der sich die gewünschte moderne Dichtung am umfassendsten verwirklichen kann und soll. Da ist gar nicht mehr die spezifische Gattung »Roman« gemeint; vielmehr erscheint der Roman als die Möglichkeit, all das in sich zu vereinen, was der – alle geistigen Ausdrucksformen bemühenden und aktivierenden – »progressiven Universalpoesie« entsprechen könnte. »Roman Mischung aller Dichtarten«, lautet eine Notiz; eine andere: »Der Roman kann episch, lyrisch, dramatisch sein.« In komplizierter Argumentation und Spekulation baut Schlegel seine Gedanken aus. So wird der Roman dazu ausersehen, die Dichtung der Zukunft zu sein: Alle Dichtung hat romanartig, romantisch zu sein. »Alle Poesie soll Prosa, und alle Prosa soll Poesie sein. Alle Prosa soll romantisch sein. – Alle Geisteswerke sollen romantisieren, dem Roman sich möglichst approximieren.« Solche Forderung nach Universalität und die Verpflichtung, im Endlichen den Verweis aufs Unendliche aufscheinen zu lassen, versammeln sich für Friedrich Schlegel nunmehr im Begriff des »Romantischen«. Freilich: »Die romantische Dichtart ist noch im Werden; ja das ist ihr eigentliches Wesen, daß sie ewig nur werden, nie vollendet sein kann. Sie kann durch keine Theorie erschöpft werden. [...] Sie allein ist unendlich, wie sie allein frei ist und das als ihr erstes Gesetz anerkennt, daß die Willkür des Dichters kein Gesetz über sich leide« (116. Athenaeumsfragment). Da ist viel Spekulation am Werk – ähnlich bei Novalis. Der spätere, zur katholischen Kirche konvertierte Friedrich Schlegel bettet das »Romantische« dann ins Christliche: In dem Sinne, »da das Romantische bloß die eigentümliche christliche Schönheit und Poesie bezeichnet, sollte wohl alle Poesie romantisch sein« (*Geschichte der alten und neuen Literatur*, 1812).

Bei Ludwig Uhland, um nur ihn noch in diesen knappen Hinweisen zu erwähnen, ist der Begriff des Romantischen gefestigt und verfestigt. Nicht bei den Schlegels, bei Novalis, bei Wackenroder oder Tieck, scheint es, sind aber für ihn die »Kunstwerke der romantischen Poesie« zu finden, sondern im Mittelalter. Die Wendung zur Geschichte und im eigenen Schaffen zu geschichtlichen Stoffen zeichnet sich deutlich ab. Was Uhland als Romantisches beschreibt, charakterisiert auch Ton und Thematik eigener Dichtung, die in ihrer gewollten Schlichtheit leicht faßlich bleibt und wohl auch deshalb zu ihrer Zeit und später so beliebt werden konnte. »Religion und Minne sind es, für die der Helden Kraft rang und strebte; Religiosität, Minne und Tapferkeit machen den Geist der Ritterwelt aus. – Es gibt romantische Charaktere, d.h. solche, die der romantische Glaube ganz ergriffen hat und Motiv ihrer Gesinnungen und Handlungen wird: Mönche, Nonnen, Kreuzritter, Ritter des Grals usf. wie überhaupt alle die poetischen Ritter und Frauen des Mittelalters. – Auch die Natur hat ihre Romantik. Blumen, Regenbogen, Morgen-, Abendrot, Wolkenbilder, Mondnacht, Gebirge, Ströme, Klüfte usw. lassen uns teils in lieblichen Bildern einen zarten, geheimen Sinn ahnen; teils erfüllen sie uns mit wunderbarem Schauer. [...] Eine Gegend ist romantisch, wo Geister wandeln; mögen sie uns an vergangene Zeiten mahnen oder sonst in geheimer Geschäftigkeit sich um uns her bewegen. [...] Die Romantik ist nicht bloß ein phantastischer Wahn des Mittelalters. Sie ist hohe, ewige Poesie, die im Bilde darstellt, was Worte dürftig oder nimmer aussprechen [...]« (*Über das Romantische*, 1807 geschrieben).

Um noch einmal auf die Anfänge zurückzukommen: Obgleich sich die Frühromantiker nicht unter dem Banner »Romantik« zusammengefunden haben, so waren sie sich doch ihrer Zusammengehörigkeit wohl bewußt. Friedrich Schlegel spricht von »unsrer Faktion« (*Über die Unverständlichkeit*, im *Athenaeum*); Schleiermacher sieht eine neue »poetische Schule«; die Gegner um die Jahrhundertwende attackieren die »neue Schule« oder »Schlegelsche

Clique«. Dann fallen in der aus dem Kreis um Johann Heinrich Voß hervorgegangenen Satire auf die Heidelberger Romantik Ausdrücke wie »unsere Romantiker« und »romantisch« fast schon im Sinne des später gebräuchlich gewordenen literaturhistorischen Begriffs.

Verschiedenes und Gegensätzliches ist zur gleichen Zeit da, sucht zu wirken, beansprucht verbindliche Geltung. Klassik, Romantik, Spätaufklärung, Jakobinerliteratur (die dadurch gekennzeichnet ist, daß sie einen radikalen Demokratismus vertritt und die Revolution als Mittel zur Veränderung nicht grundsätzlich ausschließt): all das gehört in eine Zeitphase; spannungsreiche Verbindungen laufen hin und her; und selbst das ist keineswegs einstimmig, was wir unter einem einzigen allgemeinen Begriff wie Aufklärung, Klassik oder Romantik versammeln.

Frühromantiker sind Angehörige jener um 1770 geborenen Generation, die in den neunziger Jahren zu schreiben beginnen. Unter dem Gesichtspunkt der Generationenfolge sucht bereits Friedrich Schlegel die Literatur des 18. Jahrhunderts zu gliedern, als er 1812 in Wien seine *Vorlesungen über die Geschichte der alten und neuen Literatur* hält. Zur dritten Generation zählt er diejenigen, deren Entwicklung und Bildung in die letzten achtziger und neunziger Jahre fällt. Dort steht ein merkwürdiger Satz: »Sollte ich diese Epoche im allgemeinen mit einem Worte bezeichnen, ohne daß ich fürchten dürfte, mißverstanden zu werden, so würde ich sie die revolutionäre nennen, wenn anders es erlaubt ist, ein solches Wort in einem zwar gültigen, aber doch etwas eignen und von dem gewöhnlichen abweichenden Sinn zu nehmen.« Er erläutert den von ihm gemeinten Sinn des Wortes »revolutionär«, indem damit ein »Zustand des äußern nicht bloß, sondern noch viel mehr des innern Kampfes« bezeichnet werde, was er »als das Unterscheidende und Charakteristische der Dichter und Schriftsteller dieser dritten Generation« betrachte. Er weist mit einigen Bemerkungen auf Schiller und resümiert: »Rastlos in sich und unruhig umhergeschleudert, sehen wir ihn aber auch hier und da von der äußern großen Erschütterung des Zeitalters ganz ergriffen und sie mitempfindend. Dieses ist es, was ich unter jenem Beiwort verstanden wünschte, und was ich im größern oder geringern Maße bei allen ausgezeichneten Schriftstellern jener Epoche finde.« Eines ist deutlich: Schlegel sieht die Bemühungen der Autoren dieser Phase als Versuche, Antworten auf die Zeit zu finden, auf ihre Bedrängnisse und ihre Forderungen. »Statt jener künstlerischen, glücklichen Sorglosigkeit sehen wir die Schriftsteller der spätern Generation, aus den achtziger und neunziger Jahren, alle in dem Zeitalter befangen; sich ganz ihm hingebend, mit ihm im heftigsten Kampf, oder doch auf eine oder die andere Weise ihr ganzes inneres Tun auf das Zeitalter beziehend.«

Es ist der Versuch einer Antwort auf mehreres: auf die politische Lage, die als unbefriedigend, wenn nicht unerträglich empfunden wird, auf die allgemeine geistig-kulturelle Situation und auf die speziell künstlerische, insbesondere auf die literarische Konstellation im Jahrzehnt vor der Jahrhundertwende und um die Jahrhundertwende selbst. Friedrich Schlegels frühere Tatsachenfeststellung, die Französische Revolution, Fichtes Wissenschaftslehre und Goethes *Meister* seien die größten Tendenzen des Zeitalters, markiert das Bewußtsein, in einer Phase allgemeiner Gärung zu stehen und antworten zu müssen. Die Antwort der frühromantischen Generation sieht anders aus als die der gleichzeitig entwerfenden und schaffenden ›Klassiker‹.

Goethes und Schillers Nachdenken richtet sich in ihrer klassischen Phase auf das, was gültig-überdauernd, überzeitlich-wertvoll sein müßte. Ist für das klassische Konzept das Element der Bindung und Bändigung in vielfachen Formen grundlegend wichtig, so gilt dies für die jüngere frühromantische Generation gerade nicht. Um es pointiert (und natürlich vereinfacht) zu sagen: Was hier durchgängig bestimmend wird, ist eine ungebundene Radikalität. Sie wirkt sich freilich nicht im Feld politischen Handelns aus; sondern in der nachrevolutionären Phase in einem Land, das entschiedener gesellschaftlicher Veränderungen zwar bedürfte, in dem sie aber nicht vollzogen werden (können), scheinen Angehörige dieser Generation mit bewußter Radikalität die Möglichkeiten und Fähigkeiten des Subjekts Mensch in seinem Denken, Fühlen, Erleben entschieden vorantreiben und ausprobieren zu wollen – so, als seien dieses Selbstgründen im Ich und auch das stimmungshafte Einsfühlen mit der Natur die allein mögliche Verwirklichung angesichts des Gärungsprozesses der Zeit. Sogleich stellt sich auch die Problematik solchen Beginnens mit ein, die Bodenlosigkeit und Haltlosigkeit des Ich: im *William Lovell* Tiecks, im *Berglinger*-Roman Wackenroders, und sie wird deutlich im weiteren Lebenslauf Friedrich Schlegels selbst. Damit enthüllt die Frühromantik durchaus einen Januskopf. Radikales Aufsichgestelltsein des Menschen trägt notwendig auch zerstörerische Kräfte in sich, und vor solchen Konsequenzen führt der Weg hin oder zurück zu Bindungen überpersönlicher Art, zu kirchlichen oder anderen Gemeinschaften.

So üben bei aller schweifenden Phantasie, bei aller Hingabe an überschwengliche, aber auch unsichere, gebrochene Stimmungen von früh an Glaubenswerte und Kunstgestaltungen, die aus älterer geschichtlicher Zeit stammen, eine bedeutende Anziehungskraft aus. Das Ungenügen in der eigenen Zeit und im persönlichen Leben drängt zu neuer Begegnung. Antikes, Christliches, Mittelalterliches, Altdeutsches, Dürer-Zeit: analysierende wie einfühlsame Aneignung wird gesucht.

Für die nur wenig jüngere Generation der folgenden Romantiker sind manche Erfahrungen und Ausdrucksweisen, die in jenem letzten Jahrzehnt des 18. Jahrhunderts gewonnen wurden, schon ebenso vertraut geworden, wie der spekulative Ausgriff nun merklich zurückgenommen wird. Wie selbstverständlich werden die poetisch empfundenen Begebnisse des Lebens in stimmungshafter Einheit von Wort, Ton und Farbe ausgedrückt. Aber vieles ist nur gegen den Andrang tiefer Schwermut und quälender Zeit- und Lebensfragen gewonnen, und Clemens Brentano bleibt nichts übrig, als 1817 aus aller Zerrissenheit in den Schutz der katholischen Kirche heimzukehren.

Bewußt greift man nun in die Vergangenheit des eigenen Volkes zurück; sucht auch die Mythenwelt insgesamt zu erschließen; fördert Märchen, Sagen, alte Lieder zutage; glaubt die Kräfte einer »dichtenden Volksseele« zu spüren und hält es für wert und wichtig, sie lebendig wirken zu lassen. Das geschieht oft in bewußtem Zusammenhang mit der politischen Not der Zeit, insbesondere den napoleonischen Kriegen. Achim von Arnim begreift die Sammlung alter Lieder für *Des Knaben Wunderhorn* durchaus als nationale Aufgabe, während Brentano mehr die poetischen Gesichtspunkte interessieren und Goethe in seiner berühmten zustimmenden Besprechung auch die Gefahr einer nationalistischen Verengung andeutet und wünscht, »auch, was fremde Nationen« an solchen Schätzen besäßen, »auszusuchen und sie im Original und nach vorhandenen oder von ihnen selbst zu leistenden Übersetzungen darzulegen«. In Arnims Aufruf im *Reichsanzeiger* heißt es (Dezember 1805): »Wären die deutschen Völker in einem einigen Geiste verbunden, sie bedürften dieser gedruckten Sammlungen nicht, die mündliche Überlieferung machte sie überflüssig; aber eben jetzt, wo der Rhein einen schönen Teil [. . .] loslöst vom alten Lande, andere Gegenden sich kurzsichtig vereinzeln, da wird es notwendig, das zu bewahren und aufmunternd auf das zu wirken, was noch übrig ist, es in Lebenslust zu erhalten und zu verbinden.« Friedrich Schlegel bedenkt die Volksliedmanie dann freilich mit parodierendem Spott (S. 75).

Aktiv schalten sich viele Romantiker in die ideologische Vorbereitung der Befreiungskriege ein und begleiten sie selbst in Gedichten und Schriften, nicht selten dann freilich enttäuscht und verbittert darüber, daß nur die Freiheit vom äußeren Feind, die gewünschte Verbesserung im Inneren aber nicht erreicht werden konnte. »In der Anwendung des Volkstones auf die Aktualität wurde hier der Ertrag der Romantik, der anscheinend so gegenwartsabgewandten, für die konkreten geschichtlichen Probleme, teilweise bis zur propagandistischen Zeitgebundenheit, ausgemünzt« (Werner Kohlschmidt, *Die Romantik*, in: *Deutsche Literaturgeschichte in Grundzügen*, hrsg. v. B. Boesch, Bern 1946).

Mit diesen einführenden Hinweisen auf einige allgemeine Aspekte der deutschen Romantik muß es hier sein Bewenden haben.

Die vorliegende Sammlung von Gedichten will einen Eindruck von den Gestaltungsweisen der damaligen Lyrik vermitteln. Eine Auswahl aus der Dichtung einer weit zurückliegenden Zeit kann unter verschiedenen Gesichtspunkten erfolgen. Sie könnte sich ausrichten an der (soweit erkennbaren und beglaubigten) Vorstellung von literarischer Qualität, die zur Zeit der Entstehung der jeweiligen Werke in den Kreisen der Kenner gültig war; sie könnte solche Texte vorlegen, die zu ihrer Zeit besonders beliebt und verbreitet gewesen sind (wobei vermerkt werden müßte – falls es einwandfrei festzustellen ist –, welche Leserschichten welche Literatur gewählt haben); eine Sammlung könnte ferner die Werke zu dokumentieren suchen, die sich durch lange Nachwirkung ausgezeichnet haben, und natürlich könnte eine Auswahl das bieten wollen, was dem Herausgeber selbst heute noch als gültig und gelungen erscheint (wobei er allerdings Auskunft über seine Wertungsmaßstäbe geben müßte). Jeder der genannten Gesichtspunkte wirft weitere Fragen auf, die hier nicht behandelt werden können. Und jeder Herausgeber ist selbst den Einwirkungen von Überlieferungen, Leseerfahrungen, jeweils gegenwärtigen soziokulturellen Bedingungen und ähnlichem mehr ausgesetzt.

Meine Absicht war selbstverständlich auch, solche Gedichte aufzunehmen, die, wie ich vermute, den heutigen Leser und Liebhaber des Gedichts (noch) beeindrucken und ihm gefallen. Doch wollte ich ebenfalls die Erscheinungsformen der Lyrik jener Zeit dokumentieren und so dem historischen Interesse nachkommen. Beides ist ohnehin wohl nur schwer voneinander zu trennen. Allerdings hat das zur Folge, daß auch Gedichte von Autoren wiedergedruckt werden, die nicht als die herausragenden Lyriker der Romantik gelten. Einige von ihnen sind kurzlich als »Minderdichter« verbucht worden, wie z. B. Ernst Moritz Arndt, Louise Brachmann, Karoline von Günderrode, Justinus Kerner, Graf von Loeben, August Wilhelm Schlegel, Zacharias Werner. Andere könnten gewiß hinzugezählt werden. Der Ausdruck »Minderdichter« entspricht dem lateinischen *auctores minores*. Zwischen *auctores maiores* und *auctores minores*, Musterschriftstellern von höherem oder geringerem Wert, hat die Schultradition des Mittelalters unterschieden. Wie heikel auch immer solche Unterscheidung und wie problematisch auch die ihr zugrundeliegenden Maßstäbe sein mögen, so sind doch die Erläuterungen bedenkenswert, die der Herausgeber der »Poesie deutscher Minderdichter vom 16. bis zum 20. Jahrhundert« vorträgt (*Arsenal*, hrsg. v. Bernd Thum, Berlin 1973). Man kann durchaus für das bedeutende Gedicht das Postulat der »schwierigen Schönheit« geltend machen. »Gemeint ist eine spannungsreiche Organisation des Gedichts, eine beherrschte Kontrapunktik zwischen semantischen und ästhetischen Werten, Neuartigkeit, Multivalenz, Vielfalt der gedanklichen Assoziationen und der von der Sprache getragenen Rhythmus- und Klangstrukturen.« Anders die Gedichte der sogenannten Minderdichter. Sie »transportieren mehr Konvention als Information. [...] Die bewegliche Vielfalt liegt ihnen nicht. Sie beherrschen immer nur eine oder zwei Dimensionen der künstlerischen Botschaft zur gleichen Zeit.« Aber sie haben möglicherweise den Zeitgenossen Wichtiges mitzuteilen, weil sie faßliche Übersetzungen von einst vertrauten Begriffen und Normen bieten, »weil sie das kollektive Denken, Fühlen, Sehen, Reden, Handeln ihrer Zeit und ihrer Gesellschaft wiedergeben; kurz, weil sie mindestens im gleichen Maße wie die Großen, wenn auch anders, an der Geschichte teilhaben«. Ein Vergleich zwischen Novalis und den Schlegels, zwischen Brentano und Wilhelm Müller, zwischen Eichendorff und Kerner kann diese Vermutungen schnell bestätigen. Und doch: auch im Felde der als weniger bedeutend geltenden Autoren sind stets Wiederentdeckungen möglich. Daher findet der Leser in diesem Buch nicht nur vertraute Gedichte und nicht nur die bekannten Namen. Daß die Sammlung mit Gedichten Wackenroders und Tiecks eröffnet wird, kann nicht heißen, daß gerade mit diesen Namen der Beginn der deutschen Romantik markiert werden soll. Denn die Bedeutung, die Friedrich Schlegel und Novalis für die theoretische Grundlegung zukommt, darf nicht verdeckt werden. Und wenn Richard Benz (*Die deutsche Romantik*, Leipzig 1937) über Wackenroder schreibt: »Eine Stimme klingt auf: zart, innig, fest; unsagbar rein und schlicht. Aber einsam: einsam heraufdringend aus Gründen, wo noch keiner war«, dann gilt das mehr für die Prosa als für die wenigen Gedichte, die wir von dem Frühverstorbenen besitzen. Über Tiecks frühe Gedichte hat August Wilhelm Schlegel geschrieben: »Die Sprache hat sich gleichsam alles Körperlichen begeben und löst sich in einen geistigen Hauch auf. Die Worte scheinen kaum ausgesprochen zu werden, so daß es fast noch zarter wie Gesang lautet: wenigstens ist es die unmittelbarste und unauflöslichste Verschmelzung von Laut und Seele, und doch ziehn die wunderbaren Melodien nicht unverstanden vorüber. [...] In diesen klaren Tautropfen der Poesie spiegelt sich alle die jugendliche Sehnsucht nach dem Unbekannten und Vergangenen, nach dem, was der frische Glanz der Morgensonne enthüllt und der schwülere Mittag wieder mit Dunst umgibt; die ganze ahndungsvolle Wonne des Lebens und der fröhliche Schmerz der Liebe« (*Athenaeum* I). Aber was sich als »Verschmelzung von Laut und Seele« präsentiert, ist nicht frei von Schwermut und Krisengefühl; das frühe Gedicht »Melancholie« bezeugt es eindringlich.

»Im Gedicht eine Stimmung ausdrücken, das hatte vor Tieck kaum einer und nach ihm fast jeder gewollt; er erst hat diesen Bereich der Stimmungen, die nicht nur einmal, sondern oft die Seele erfüllen, in seiner dichterischen Bedeutung erkannt.« In den Versen »wird die dargestellte Gemütsbewegung zum lyrisch-musikalischen Klang« (Paul Böckmann, *Formen der Stimmungslyrik*, in: *Formensprache*, Hamburg 1966). Diese eigentümliche Stimmungslyrik, in der Bild und Klang, Farben und Töne vermischt und vereint sind, ist als das Charakteristische und Faszinierende romantischer Lyrik empfunden worden.

Zusammenklang von Natur und Seele spricht sich aus, und die Romantiker hält der Glaube an eine wirkliche Verwandtschaft aller Dinge, »daß eins alles und alles eins ist« (A. W. Schlegel, *Vorlesungen über schöne Literatur und Kunst* [Berliner Vorlesungen 1801/03]). Angesichts der wirklichen Trennungen in Gesellschaft und Gegenwart wird Vereinigung und Übereinstimmung gedichtet. Das Getrennte findet wieder zueinander. In dichterischer Bildlichkeit kann, im Glauben, daß alles eins ist, das Entfernteste miteinander identifiziert werden, erscheinen Korrespondenzen zwischen Ich und Natur, lebt und fühlt die Natur wie der Mensch und umgekehrt. »Schläft ein Lied in allen Dingen, / Die da träumen fort und fort, / Und die Welt hebt an zu singen, / Triffst du nur das Zauberwort« (Eichendorff). Aber es bleibt dies zu bedenken: Es war eine Illusion, eine schöne poetische Illusion. »Denn die Poesie erweckte nur das Lied, das sie selbst in die Welt hineingezaubert hatte« (Heinz Hillmann, *Schläft ein Lied in allen Dingen?*, in: Zeitschrift für deutsche Philologie 88, 1969).

Es wäre ein Irrtum zu glauben, die gemüthaft-stimmungsvolle Lyrik der Romantik sei ein naives, naturhaft-kunstloses Aussingen. Vielmehr ist die Bewußtheit künstlerischer Formung (aus sentimentalischem Geist) unschwer zu erkennen, auch wenn schon bei Tieck manches zur Formelhaftigkeit erstarrt. Die spannungsreiche Artistik der Lyrik eines Clemens Brentano ist längst aufgedeckt worden. Und jene Bildlichkeit, die Entferntestes zusammenbindet, weist bisweilen schon voraus auf die absolute Metapher moderner Gedichtsprache.

Übrigens gehören nicht wenige Gedichte in den Kontext von Romanen oder Erzählungen. Das kann Folgen für das Verständnis des einzelnen Gedichts haben, so daß noch jüngst ein erfahrener Philologe gestehen mußte: »Daß die

8 *Philipp Otto Runge: Der kleine Morgen*

kontextbezogene Interpretation zu einem Verständnis des Gedichts führt, das von der textimmanenten nicht nur abweicht, sondern mit ihr völlig unvereinbar ist, war mir eine Überraschung« (Heinrich Henel, *Nochmals: Brentanos Weberlied*, in: Euphorion 72, 1978).

Von Romantikern stammen bekanntlich viele Gedichte zum Befreiungskampf gegen Napoleon; einige sind auch hier aufgenommen worden. Es sind damals fürchterliche Töne angeschlagen worden, und sie wurden noch auf fatale Weise christlich intoniert. Auch wenn man sie aus den historischen Zusammenhängen begreifen mag, so sind doch der gellende Haß und die Maßlosigkeit des Vernichtenwollens erschreckend. Das Töten erscheint als die selbstverständlichste Sache der Welt. Hier ist Saat gesät worden, die später noch fürchterlicher aufgehen sollte.

Es fehlt dann aber auch nicht an Kritik an den deutschen Zuständen, als die Hoffnungen auf Reformen nach den Befreiungskriegen enttäuscht werden. »Freiheit« hatte man ja nicht nur gegen den fremden Unterdrücker gerufen, sondern auch im Blick auf die Verhältnisse im Innern. Und nicht nur ein Poet wie Wilhelm Müller, der Dichter der *Winterreise*, besingt den Freiheitskampf der Griechen; solche philhellenische Lyrik ist damals weit verbreitet. Wenn nun schon ganz selbstverständlich die explizit politischen ›patriotischen‹ Gedichte zur Dichtung der Romantik gezählt werden und immer gezählt worden sind, so dürfte es sinnvoll sein, ein paar Texte hinzuzunehmen, in denen – wie allgemein auch immer – sich besonders deutlich oppositionelle politische Forderungen und Leidenschaften artikulieren, ohne daß die Verfasser zu Dichtern der Romantik gezählt werden könnten (S. 250–254). Die Gedichte der Brüder Follen finden sich (teilweise in etwas anderer Fassung) in dem Band *Freye Stimmen frischer Jugend* (Jena 1819), dem Liederbuch der Gießener »Schwarzen«, jener radikalen Gruppe der Burschenschaftsbewegung. (In diesem Umkreis entstand auch das – hier nicht wiedergegebene – »Große Lied«, in dem die mit Frömmigkeit gepaarte Brutalität an die Dichtung der patriotischen Romantik erinnert – nur daß jetzt an die Stelle der Befreiung des Vaterlandes die Revolution getreten ist.)

In die vorliegende Auswahl sind mit Bedacht etliche Autoren nicht aufgenommen worden. Es ist bekannt, daß literaturgeschichtliche Darstellungen mit Grund gern darauf verzichten, Dichter wie Hölderlin, Kleist, Jean Paul bestimmten Epochen zuzuordnen. So erscheint auch hier wegen der Eigenständigkeit seines Werkes Friedrich Hölderlin nicht – Kleist jedoch, der nur wenige Gedichte geschrieben hat, vor allem deshalb, weil er bei der Kriegslyrik der Romantiker nicht übergangen werden darf. – Rückert und Platen gehören entschieden mehr in andere Zusammenhänge als die der Romantik, was natürlich immer ein Streitpunkt sein kann. – Nikolaus Lenau stößt noch um 1830 zum Kreis der sogenannten Schwäbischen Romantik, worüber sich Heinrich Heine mokiert; 1832 erscheint seine erste Gedichtsammlung. Heine aber hat schon im *Buch der Lieder* von 1827, das ihn rasch berühmt machte, überkommene Stimmungslyrik ebenso virtuos gehandhabt wie raffiniert durchsetzt mit desillusionierenden Elementen der prosaischen Wirklichkeit. So wird die vorliegende Anthologie mit einigen wenigen Proben der Lyrik dieser beiden Autoren beschlossen, ohne daß deren Gesamtwerk damit charakterisiert wäre.

*Karl Otto Conrady*

## ZUR TEXTGESTALTUNG

Die Gedichte der einzelnen Autoren sind im großen und ganzen chronologisch geordnet. Die Datierung ist jedoch nicht immer einwandfrei festzustellen. Wo es zur Orientierung nützlich ist, sind im Verzeichnis der Gedichte die Jahreszahlen der Entstehung oder des ersten Drucks angegeben.

Die Orthographie ist durchgängig modernisiert, der Lautstand jedoch beibehalten worden. – Die Interpunktion ist weitgehend normalisiert; denn es ist in vielen Fällen nur schwer zu entscheiden, ob die Zeichensetzung für den Verfasser wirklich bedeutungsvoll war oder ob sie gar auf das Konto der Drucker ging, für die verbindliche Regeln noch nicht bestanden. (So zeigt die in Tiecks Gedichten von 1821/23 mehrfach erscheinende Strophe »Liebe denkt in süßen Tönen« unterschiedliche Zeichensetzung.) Die hier unverkürzt gebotenen »Hymnen an die Nacht« von Novalis folgen allerdings, der maßgebenden Edition entsprechend, dem Athenaeumsdruck. – Das Druckbild der Gedichte, für das oft nur die Willkür der Drucker verantwortlich zeichnet, ist vereinheitlicht worden.

Zusätze, die von späteren Herausgebern stammen oder jetzt hinzugefügt worden sind, stehen in eckigen Klammern.

*Bildnachweis*

Archiv für Kunst und Geschichte, Berlin: 2, 4, 5, 6, 7, 8
Kunsthalle Bremen: 1

*Anmerkung des Verlags*

Dieser Band ist ein Nachdruck der vergriffenen Ausgabe von 1979 (Athenäum, Königstein/Ts.). Quellen und Texte wurden überprüft. Einige Gedichte und Teile des Buchs wurden umgestellt, Texterläuterungen hinzugefügt.

# ALPHABETISCHES VERZEICHNIS DER GEDICHTÜBERSCHRIFTEN UND -ANFÄNGE

## BILDNACHWEIS

Archiv für Kunst und Geschichte, Berlin: 2, 4, 5, 6, 7, 8
Kunsthalle Bremen: 1
Artothek, Peissenberg: 3

Die Deutsche Bibliothek – CIP-Einheitsaufnahme

**Gedichte der deutschen Romantik:**
hrsg. von Karl Otto Conrady. – München; Zürich:
Artemis und Winkler, 1994
ISBN 3-538-6635-2
NE: Conrady, Karl Otto [Hrsg.]